REFLEXÕES SOBRE O AGRAVAMENTO DO RISCO NOS SEGUROS DE DANOS

ERNESTO TZIRULNIK

ERNESTO TZIRULNIK

REFLEXÕES SOBRE O AGRAVAMENTO DO RISCO NOS SEGUROS DE DANOS

CONTRACORRENTE

SÃO PAULO
2020

EDITORES
Camila Almeida Janela Valim
Gustavo Marinho de Carvalho
Rafael Valim

CONSELHO EDITORIAL
Alysson Leandro Mascaro UNIVERSIDADE DE SÃO PAULO, SP
Augusto Neves Dal Pozzo PONTIFÍCIA UNIVERSIDADE CATÓLICA DE SÃO PAULO, PUC-SP
Daniel Wunder Hachem UNIVERSIDADE FEDERAL DO PARANÁ, UFPR
Emerson Gabardo UNIVERSIDADE FEDERAL DO PARANÁ, UFPR
Gilberto Bercovici UNIVERSIDADE DE SÃO PAULO, USP
Heleno Taveira Torres UNIVERSIDADE DE SÃO PAULO, USP
Jaime Rodríguez-Arana Muñoz UNIVERSIDADE DE LA CORUÑA, ESPANHA
Pablo Ángel Gutiérrez Colantuono UNIVERSIDADE NACIONAL DE COMAHUE, ARGENTINA
Pedro Serrano PONTIFÍCIA UNIVERSIDADE CATÓLICA DE SÃO PAULO, PUC-SP
Silvio Luís Ferreira da Rocha PONTIFÍCIA UNIVERSIDADE CATÓLICA DE SÃO PAULO, PUC-SP

EQUIPE EDITORIAL
Maikon Nery PROJETO GRÁFICO E CAPA
Marcelo Madeira REVISÃO

Dados Internacionais de Catalogação na Publicação (CIP)
(Ficha Catalográfica elaborada pela Editora Contracorrente)

T998 TZIRULNIK, Ernesto.
Reflexões sobre o agravamento do risco nos seguros
de danos | Ernesto Tzirulnik – São Paulo:
Editora Contracorrente, 2020.

ISBN:
1. Seguradoras. 2. Apólice de Seguros. 3. Controle de riscos.
4. Agravamento de riscos.
I. Título. II. Autor.

CDD: 368.5 CDU: 368

Copyright © EDITORA CONTRACORRENTE
Rua Dr. Cândido Espinheira, 560
3º andar São Paulo, SP, Brasil
CEP 05004 000

www.loja-editoracontracorrente.com.br
contato@editoracontracorrente.com.br

Agradeço a contribuição dos amigos e familiares, Inaê Siqueira de Oliveira, Fernando Schnaid, Rafael Valim e o apoio vital de Raul Dahas de Carvalho Neto, Mário Conti e Lili Tuneu Tzirulnik.

SUMÁRIO

13 REFLEXÕES SOBRE O AGRAVAMENTO
DO RISCO NOS SEGUROS DE DANOS

57 ANEXO 1
AGRAVAMENTO DE RISCO: PLC 29/17

63 ANEXO 2
AGRAVAMENTO DE RISCO: JURISPRUDÊNCIA

89 REFERÊNCIAS BIBLIOGRÁFICAS

Dedico estas reflexões aos meus netos Eva, Isaac, Leona e Roman e aos meus filhos Ilana, Tayla, André, Jeffrey e Wojtek.

REFLEXÕES SOBRE O AGRAVAMENTO DO RISCO NOS SEGUROS DE DANOS

Certa vez declarei a uma jornalista que jamais havia lido uma apólice de seguro. Atuava há décadas como advogado e consultor de seguradoras e resseguradoras. Essa declaração acabou sendo utilizada por adversários em um processo judicial para sustentar que minha crítica a determinada apólice era fruto dessa *costumeira negligência confessada*. De lá para cá, continuo casto. Não me interessam as apólices, nem os amontoados autoritários de leis, decisões judiciais e doutrinas que costumam caracterizar certos livros jurídicos de grande aceitação, ou obras escritas e palestras em que a advocacia se traveste com figurino acadêmico, malformando os crendeiros. A operação jurídica requer sensibilidade e conhecimento dos princípios e das regras básicas da regência social. Costuma impressionar-me o discurso clarividente sobre institutos jurídicos com os quais lido cotidianamente, feito por leigos, e penso: "se fizer um curso de direito vai empostar a fala e perder a clareza".

No início dos anos 1980, criei e dirigi o departamento jurídico de uma das mais técnicas companhias seguradoras brasileiras, que se mantinha, há anos, líder do cosseguro da apólice multirrisco da Itaipu Binacional S.A., a maior obra de infraestrutura da América do Sul. O seguro garantia praticamente quaisquer riscos que ameaçassem os interagentes econômicos do empreendimento, mas não havia uma apólice. O conteúdo do complexo e poliédrico seguro compunha-se das boas práticas securitárias e as atas de reuniões entre os técnicos da seguradora e dos segurados. Aquilo contrariava tudo que eu havia lido para habilitar-me ao emprego. Meu superior hierárquico, vice-presidente técnico da companhia, Sr. Fernando Lopes Nunes, vendo-me perplexo, cuidou de explicar que o segredo era fazer boas perguntas aos segurados para bem conhecer os interesses que lhes motivavam a contratar o seguro; dar-lhes boas respostas para que fizessem as melhores opções de coberturas; acompanhá-los, sempre que possível, para evitar desvios de percurso; e provê-los com as soluções possíveis, além de sempre lembrar que o mais importante é unir o interesse que se assegurou à regra de hermenêutica *in dubio pro segurado*. Meu orientador já faleceu. O seguro, maltratado pela exagerada financeirização dos negócios do último quarto de século, continua vivo. A técnica, os princípios jurídicos e a ética negocial nunca morrem com os homens, nem podem morrer com as modas e as crises econômicas. Isso seria apagar a história e comprometer o futuro da humanidade.

Durante minha presença na seguradora, aconteceu de ser redigida a primeira versão da apólice multirrisco de Itaipu, com a instituição da "responsabilidade civil cruzada", entre outras novidades. Quando deixei a companhia e abri meu escritório, fui chamado a escrever muitas apólices. Após aprovadas pelas diretorias e pelos conselhos das clientes, as novas condições contratuais que eu havia redigido seguiam para o arquivo morto. Isso acontecia por diversas razões. Ora porque os corretores preferiam que as exclusões fossem menos enfáticas, para não afugentar os interessados; noutras ocasiões, porque as autoridades (SUSEP e IRB) insistiam no uso dos textos habituais, com linguajar arbitrário, cuja leitura atenta sempre faz despencar surpresas desagradáveis, dispersadas e embaralhadas nas condições gerais, especiais, particulares, especificações, anexos, endossos e coberturas adicionais que dão com uma mão e tiram com a outra. Isto acontece ainda hoje, traumatizando ou simplesmente mantendo os mais atentos leitores em estado de perplexidade.

Por isso, o melhor caminho para se conhecer o seguro é identificar o interesse segurado e os riscos que podem ameaçá-lo. Obtida a resposta a isso, não será outra "coisa" o que se possa ter assegurado. É uma pesquisa sempre interessante porque acultura sobre as atividades asseguradas e útil porque reconstrói, com sentido prático e econômico, o conteúdo do seguro, *apesar da apólice*.[1]

---

[1] A chamada teoria do interesse instalou-se como eixo do seguro moderno há mais de dois séculos. A primeira obra doutrinária monográfica conhecida é do início do século XX, anterior ao Código Civil de 1916 que, no entanto, deixou de aproveitá-la: EHRENBERG, Victor. *Das 'interesse' im Versicherungsrecht*. Munique e Leipzig: Duncker & Humblot, 1915. Ela é reavivada nos anos 1960 por Comparato, na sua tese de livre-docência sobre o contrato de seguro de crédito (ver nota 12). Para estudos mais recentes, sugiro consultar as seguintes obras: TZIRULNIK, Ernesto. "Em torno do interesse segurado e da responsabilidade civil". *In*: IBDS; ESCOLA PAULISTA DE MAGISTRATURA (Coord.). *Seguros*: uma questão atual. vol. III. São Paulo: Max Limonad, 2001. pp. 319-397. (Col. Estudos de Direito do Seguro); TZIRULNIK, Ernesto. *Seguro de riscos de engenharia*: instrumento do desenvolvimento. vol. XIV. São Paulo: Roncarati: IBDS, 2015. p. 103 e s. (Col. Estudos de Direito do Seguro); TZIRULNIK, Ernesto;

Sempre se verá que as apólices atentam pouco para o *interesse segurado*, apesar de constituir a causa da garantia, como deixa claro o artigo 757 do Código Civil, que define o contrato de seguro. As seguradoras costumam chamar tudo de *risco*, procurando restringi-lo o máximo possível, além de apresentarem amplos róis de exclusões que embucham a cada nova experiência de sinistro.

O fato de que o legislador não aceitou incluir no artigo 757 do Código Civil um parágrafo único estabelecendo que "as cláusulas definidoras dos riscos interpretam-se estritamente", como reivindicava o chamado Substitu-

---

CAVALCANTI, Flávio; PIMENTEL, Ayrton. *O contrato de seguro de acordo com o código civil brasileiro*. vol. XV. São Paulo: Roncarati: IBDS, 2016. p. 47 e s. (Col. Estudos de Direito do Seguro); SANSEVERINO, Paulo de Tarso. "Teoria do interesse e interpretação do contrato de seguro". *In*: IBDS (Coord.). *I Congresso Internacional de Direito do Seguro – Conselho da Justiça Federal e Superior Tribunal de Justiça*: VI Fórum de direito do Seguro "José Sollero Filho". vol. XIII. 1ª ed. São Paulo: Roncarati: IBDS, 2015. pp. 63-72. (Col. Estudos de Direito do Seguro). NORONHA, João Otávio de. "Teoria do interesse no contrato de seguro e a jurisprudência do STJ". *In*: IBDS (Coord.). *I Congresso Internacional de Direito do Seguro – Conselho da Justiça Federal e Superior Tribunal de Justiça*: VI Fórum de direito do Seguro "José Sollero Filho". vol. XIII. 1ª ed. São Paulo: Roncarati: IBDS, 2015. pp. 117-120. (Col. Estudos de Direito do Seguro). AGUIAR JÚNIOR, Ruy R. de. "Teoria do interesse, engineering e o dano físico no seguro de danos". *In*: IBDS (Coord.). *I Congresso Internacional de Direito do Seguro – Conselho da Justiça Federal e Superior Tribunal de Justiça*: VI Fórum de direito do Seguro "José Sollero Filho". vol. XIII. 1ª ed. São Paulo: Roncarati: IBDS, 2015. pp. 183-206. (Col. Estudos de Direito do Seguro). OLIVEIRA, Márcia Cicarelli Barbosa de. O interesse segurável. Dissertação de Mestrado em Direito Civil na Faculdade de Direito da USP. São Paulo, 2011. Inédito.

tivo Comparato[2], parece passar despercebido por parte da doutrina e da jurisprudência, assim como quase se apagou em longa noite ártica a iluminada lição de Pontes de Miranda, segundo a qual no seguro vigora o "princípio do risco integral".[3] A falta de um dispositivo como esse, há muito tempo vinha sendo contorna da pelas seguradoras.

2 Convém observar que, nos anos 1960, Comparato era um dos principais consultores das instituições bancárias e seguradoras, representando grupos bastante fortes e presentes nas entidades do setor financeiro. Assim, o texto do substitutivo não correspondeu à cristalização das suas convicções teóricas sobre o contrato, mas de contribuição para as seguradoras que há muito se preocupavam com o regime jurídico das apólices padronizadas. Onde se percebe sua contribuição é na definição do contrato, que recepciona o interesse, embora "relativo à coisa e à pessoa" e não aos direitos em geral como se esperava do estudioso do seguro de crédito, e a regra de "representação" das cosseguradoras pela Líder. Ver COMPARATO, Fábio Konder. "Notas explicativas ao substitutivo ao capítulo referente ao contrato de seguro no anteprojeto do Código Civil". *Revista do Direito Mercantil, Industrial Econômico e Financeiro*, ano XI (Nova Série), n. 5, São Paulo: Editora Revista dos Tribunais, 1972, pp. 143-152.

3 MIRANDA, Pontes de. *Tratado de direito privado*: parte especial. 3ª ed. São Paulo: Revista dos Tribunais, 1984, v. 453, p. 44: "Para que tal princípio do risco integral não incida, é preciso que o contrato o afaste". O art. 757 expressa "predeterminação" onde se quer ler "especificação". Sobre o tema colacionamos diversas doutrinas em pareceres publicados. Ver TZIRULNIK, Ernesto. "Seguro contra todos os riscos (all risks) de engenharia. Regulação de sinistro: conceito de dano material". *Revista dos Tribunais*, São Paulo, vol. 827, pp. 105-143, set. 2004. TZIRULNIK, Ernesto. A possível cobertura de lucros cessantes sem danos físicos — Parte 2. Disponível em https://www.conjur.com.br/2020-jul-29/tzirulnik-cobertura-lucros-cessantes-danos-fisicos-parte2. Acesso em 29.07.2020.; TZIRULNIK, Ernesto. "Parecer sobre seguro de riscos diversos: valores excludente de infidelidade, ato doloso e cumplicidade". *Revista dos Tribunais*, São Paulo, vol. 725, pp. 51-83, mar. 1996.

Além do esforço do final dos anos 1960 para incluir aquele parágrafo único, destinado a instalar a restritividade das coberturas nos textos padronizados das apólices, puseram-se em campo os juristas das seguradoras, que criaram diversas estratégias de proteção.[4] Suas teorias de combate normalmente são divulgadas em encontros com representantes do governo e magistrados, promovidos ou patrocinados pelos sindicatos, federações e confederações de seguradoras, resseguradoras e corretores de seguro e resseguro.

A primeira solução que o setor segurador e ressegurador desenvolveu para contornar as regras positivadas e a jurisprudência protetiva dos segurados e dos beneficiários foi retirar o seguro da categoria dos contratos de adesão[5] ou, pelo menos, contornar a proteção aos aderentes dos contratos de adesão.[6]

---

4 É o que recentemente repete-se com o seguro D&O e o seguro garantia que, como resultado da Operação Lava Jato e similares, conduziram a prejuízos bilionários ameaçando seguradoras e resseguradoras com negócios concentrados nesses ramos. Agora, a bola da vez é a pandemia da COVID-19, especialmente as coberturas de interrupção de atividades empresariais (lucros cessantes/despesas fixas).

5 Advogados de seguradoras publicaram inúmeros artigos para sustentar que o contrato de seguro é contrato de "adesão parcial" ou "semi-adesão".

6 Os principais ideólogos da hermenêutica foram: o professor de direito comercial da Faculdade Nacional de Direito, da Universidade do Estado da Guanabara e do Instituto Rio Branco, Theophilo de Azeredo Santos, o qual era também Presidente da seção brasileira da Associação Internacional do Direito do Seguro (AIDA-Brasil), desde então acolhida e formada por profissionais do meio segurador, e Presidente da Fundação Escola Nacional de Seguros (Funenseg), escola de formação de técnicos para o setor de seguros dirigida pelas entidades representativas das seguradoras e das

corretoras de seguro, mais recentemente afamada por ter se tornado uma das tributárias das verbas do seguro DPVAT; o Professor Ângelo Mário de Moraes Cerne, membro do Conselho da Presidência da seção brasileira da Associação Internacional de Direito do Seguro (AIDA-Brasil) e do Conselho do então ressegurador monopolista, Instituto de Resseguros do Brasil (IRB), que o homenageou com a instituição de prêmio que leva o seu nome, revelando, nas palavras do Professor Azeredo Santos, "o apreço àquele que dedicou a sua vida à indústria do seguro, lutando bravamente para seu aperfeiçoamento." Cerne era conhecido internacionalmente, desde 1946, quando se notabilizou na I Conferência Hemisférica de Seguros realizada pela Federação Interamericana de Seguros (Fides), em Nova Iorque, em virtude do seu pronunciamento em defesa da padronização das cláusulas básicas de seguros e da redução da intervenção estatal na indústria. Além desses dois líderes, de inegável inteligência e qualificação, o setor contou com outros três consultores jurídicos importantes que, no entanto, com distinta formação ideológica, não se alistaram contra o reconhecimento do seguro como contrato por adesão, são eles: Fábio Konder Comparato, professor de direito comercial da Faculdade de Direito da USP; Pedro Alvim, então delegado do IRB em Belo Horizonte; e José Sollero Filho, que foi procurador do IRB, presidente da AIDA-Brasil e fundador do Instituto Brasileiro de Direito do Seguro (IBDS), cujos congressos levam seu nome. Veja-se o argumento que o setor segurador usou para enfrentar o princípio exegético do *in dubio pro segurado*, a partir da segunda metade dos anos 1960: "Argumenta-se que o contrato de seguro é um contrato de adesão, porque o segurador apresenta um contrato já impresso, com as cláusulas pré-estabelecidas e convida o segurado a aceitá-lo. O mesmo ocorre se o contrato original for alterado com cláusulas adicionais, em geral, destinadas a cobrir riscos adicionais ou facilitar o mecanismo de apuração do dano. Os tratadistas apontam que este tema perdeu interesse, porque os tribunais, inclusive no Brasil, sempre interpretaram as cláusulas em favor do segurado. Aliás, a matéria prende-se ao problema da validade ou não de cláusulas restritivas, consideradas leoninas, ou que limitam o livre arbítrio de uma das partes, tornando-se ilícitas, portanto, de acordo com o art. 115 do Código Civil brasileiro. Entretanto, isto não representa argumento perante o Direito brasileiro, porque a Lei de Seguros outorgou ao Conselho Nacional de Seguros Privados a faculdade de fixar as características gerais do contrato de seguro (item IV do art. 32)

No "mercado segurador", ninguém gosta de sinistros. Os segurados são obrigados a não gostarem, sob pena de seus interesses mostrarem-se ilegítimos. A legitimidade, afinal de contas, revela-se pelo apreço do segurado aos bens da vida alcançados pelo seguro. As seguradoras, as resseguradoras e os corretores gostam menos ainda. Mesmo os gestores financeiros dos segurados. Todos ganham, entre taxas, prêmios e comissões adicionais, quando a sinistralidade fica mais contida.[7]

e deu competência à SUSEP para "fixar condições de apólices, planos de operações e tarifas a serem utilizadas obrigatoriamente pelo mercado segurador brasileiro" e, mais, "examinar e aprovar as condições de cobertura especiais, bem como fixar as taxas aplicáveis". Ora, o que é regulado por lei, não pode ser injusto, abusivo ou ilegal, mesmo porque a Lei de Seguros estabelece claramente: "o controle do Estado se exercerá pelos órgãos instituídos neste Decreto-lei, no interesse do Segurado e beneficiários dos contratos de seguro" (art. 2). Mesmo tratando-se de contrato de adesão, o Estado intervém previamente, através da SUSEP, aprovando as condições das apólices para salvaguardar os interesses dos segurados. Fica, assim, sanada qualquer imputação de condições abusivas ou ilegais, porque estas foram aprovadas pelo órgão a que a Lei deu competência para tal efeito." (CERNE, Ângelo Mário de Moraes. *O seguro privado no Brasil*. Rio de Janeiro: Livraria Francisco Alves Editora, 1973. pp. 30-31).

7   Muitas vezes, os intermediários – corretores de seguro, produtores, agentes, distribuidores etc. – ganham tanto ou mais do que as próprias seguradoras e resseguradoras. Ver: TZIRULNIK, Ernesto. "No mundo dos seguros a intervenção continua." Atentar especialmente para o comentário sobre a Resolução CNSP n. 382, onde isso é mostrado com números aditados e divulgados no site da SUSEP. Disponível em https://www.jota.info/paywall?redirect_to=//www.jota.info/opiniao-e-analise/artigos/no-mundo-dos-seguros-a-intervencao-continua-23042020. Acesso em 28.07.2020. O PL 3.555/2004 continha dispositivos para restringir o problema da deslegitimação da intermediação e de sua excessiva opacidade e onerosidade para os segurados (arts. 38; 41, §§ 1º e 2º; 140,

O problema é que essa combinação de cobertura restritiva – uma forma de produzir exclusões indiretas – com incontáveis exclusões diretas, somada à falta de cuidado com a precisão linguística, acaba gerando não apenas inúmeras dúvidas e suor hermenêutico incomum; também produz uma legião de deformidades, por exemplo, cláusulas adicionais de cobertura contendo exclusões que não existiam antes da "adição". Isso mesmo, você compra o bichano e a casinha, mas leva só a casinha. Quem se aventura a buscar o significado das versões da cláusula de cobertura de erro de projeto com a exclusão de *itself* existentes nas apólices de riscos de engenharia brasileiras comungará com a falta de apreço pela leitura de apólices de seguros e compreenderá porque juízes franceses entenderam serem nulas tanto a cláusula de exclusão de risco que careça de interpretação quanto as cláusulas excludentes que possam retirar a utilidade do seguro.[8]

parágrafo único; e 54, XII, alterado pelo substitutivo Leandro Sampaio). Foi o ponto mais combatido do projeto de lei do contrato de seguro. O PLC 29/2017 manteve apenas uma regra que determina a abertura, na apólice, da "estrutura" do prêmio (art. 56, XII), justamente para melhor proteger a edição de normas administrativas regulatórias do dever de informar os segurados e beneficiários sobre os carregamentos comerciais, prevenindo, assim, a abusividade presente nos mercados brasileiros de seguro e resseguro. A transparência é evitada pela classe dos corretores, cujos líderes já ocuparam a superintendência da SUSEP (Armando Vergílio, Presidente da Federação Nacional dos Corretores de Seguro – FENACOR, antes e depois) e, na Câmara dos Deputados, sucessivas relatorias do PL 3.555/2004 (Armando Vergílio e seu filho Lucas Vergílio).

8   PINTURIER, Gérôme. *Assurance Pertes D'exploitation et Coronavirus*. Disponível em https://www.village-justice.com/articles/assurance-pertes-exploitation-coronavirus,34544.html. Acesso em 03.07.2020. Ver a nota n. 1 do artigo.

Apesar de o Brasil ter um razoável arsenal legislativo[9]

9 Decreto-Lei n. 73/66: (1) "Art. 13. As apólices não poderão conter cláusula que permita rescisão unilateral dos contratos de seguro ou por qualquer modo subtraia sua eficácia e validade além das situações previstas em Lei"; (2) "Art. 2. O controle do Estado se exercerá pelos órgãos instituídos neste Decreto-lei, no interesse dos segurados e beneficiários dos contratos de seguro". CDC: (1) "Art. 51. São nulas de pleno direito, entre outras, as cláusulas contratuais relativas ao fornecimento de produtos e serviços que: III – transfiram responsabilidades a terceiros; IV – estabeleçam obrigações consideradas iníquas, abusivas, que coloquem o consumidor em desvantagem exagerada, ou sejam incompatíveis com a boa-fé ou a equidade; VI - estabeleçam inversão do ônus da prova em prejuízo do consumidor; VII - determinem a utilização compulsória de arbitragem; XIII - autorizem o fornecedor a modificar unilateralmente o conteúdo ou a qualidade do contrato, após sua celebração; § 1º Presume-se exagerada, entre outros casos, a vantagem que: I – ofende os princípios fundamentais do sistema jurídico a que pertence; II – restringe direitos ou obrigações fundamentais inerentes à natureza do contrato, de tal modo a ameaçar seu objeto ou equilíbrio contratual; III – se mostra excessivamente onerosa para o consumidor, considerando-se a natureza e conteúdo do contrato, o interesse das partes e outras circunstâncias peculiares ao caso. § 4º É facultado a qualquer consumidor ou entidade que o represente requerer ao Ministério Público que ajuíze a competente ação para ser declarada a nulidade de cláusula contratual que contrarie o disposto neste código ou de qualquer forma não assegure o justo equilíbrio entre direitos e obrigações das partes". (2) Art. 54. Contrato de adesão é aquele cujas cláusulas tenham sido aprovadas pela autoridade competente ou estabelecidas unilateralmente pelo fornecedor de produtos ou serviços, sem que o consumidor possa discutir ou modificar substancialmente seu conteúdo. § 1º A inserção de cláusula no formulário não desfigura a natureza de adesão do contrato. § 2º Nos contratos de adesão admite-se cláusula resolutória, desde que a alternativa, cabendo a escolha ao consumidor, ressalvando-se o disposto no § 2º do artigo anterior. § 3º Os contratos de adesão escritos serão redigidos em termos claros e com caracteres ostensivos e legíveis, cujo tamanho da fonte não será inferior ao corpo doze, de modo a facilitar sua

suficiente para combater as disposições das apólices que dificultam a eficácia indenizatória do seguro, o problema continua. O Direito é o que pega, o que as seguradoras praticam na vida real, não o que está nas normas socialmente ineficazes ou nas respectivas obras de interpretação. Situações como a da pandemia do COVID-19, quando o funcionamento do seguro constituiria paliativo para a insegurança dos segurados, produzem paradoxos: parte das seguradoras vão a público declarar que suas exclusões de pandemia não são válidas, enquanto outras, operando com as mesmas taxas de prêmio, insistem em utilizar exclusões idênticas existentes nas suas apólices.

Hoje, no Brasil, como em todo o mundo, as discussões centradas na amplitude das coberturas, e o entrechoque do

---

compreensão pelo consumidor. [Redação dada pela Lei n. 11.785, de 2008.] § 4º As cláusulas que implicarem limitação de direito do consumidor deverão ser redigidas com destaque, permitindo sua imediata e fácil compreensão". *CCiv.:* (1) "Art. 113. Os negócios jurídicos devem ser interpretados conforme a boa-fé e os usos do lugar de sua celebração. § 1º A interpretação do negócio jurídico deve lhe atribuir o sentido que: I - for confirmado pelo comportamento das partes posterior à celebração do negócio; II – corresponder aos usos, costumes e práticas do mercado relativas ao tipo de negócio; III – corresponder à boa-fé; IV – for mais benéfico à parte que não redigiu o dispositivo, se identificável". (2) "Art. 423. Quando houver no contrato de adesão cláusulas ambíguas ou contraditórias, dever-se-á adotar a interpretação mais favorável ao aderente". (3) "Art. 424. Nos contratos de adesão, são nulas as cláusulas que estipulem a renúncia antecipada do aderente a direito resultante da natureza do negócio". (4) "Art. 779. O risco do seguro compreenderá todos os prejuízos resultantes ou consequentes, como sejam os estragos ocasionados para evitar o sinistro, minorar o dano, ou salvar a coisa".

interesse segurado com a delimitação e as exclusões de cobertura, tornam-se extraordinariamente relevantes para a solução das reclamações de interrupção de negócios relacionadas com a pandemia e os atos governamentais a ela atinentes.[10]

Deixando de lado as "letras miúdas", é muito importante lembrar que o arsenal de defesas utilizado pelas seguradoras conta com outro importante instrumento, progressivamente utilizado com infinita expansão semântica. A grande maioria das demandas referentes à cobertura do seguro discute o *agravamento do risco*, o ingrediente mais utilizado pelos departamentos de sinistro e legal das seguradoras para elaborar as negativas de pagamento de indenizações.

É este o assunto que vamos discutir.

Ao mesmo tempo em que se tornou o feijão com arroz dos conflitos de interesse securitários, um dos temas mais delicados para se enfrentar no dia a dia das regulações de sinistros, na doutrina jurídica e na atividade julgadora, pública ou privada, é o do agravamento do risco.[11]

---

10   TZIRULNIK, Ernesto. "Reflexões sobre o coronavírus e os seguros privados". *In*: WARDE, Walfrido; VALIM, Rafael (Coord.). *As consequências da COVID-19 no Direito brasileiro*. São Paulo: Contracorrente, 2020. pp. 325-347.

11   Em língua portuguesa, há poucas obras doutrinárias sobre o agravamento do risco, destacando-se a da jurista portuguesa Maria Inês de Oliveira Martins, professora de Direito Civil e Comercial na Universidade de Coimbra: MARTINS, Maria Inês de Oliveira. *A imposição contratual de condutas de controle do risco*: a experiência europeia em diálogo com o ordenamento brasileiro, vigente e prospectivo. São Paulo: Roncarati, 2019. Na doutrina nacional, as referências são: AGUIAR JÚNIOR, Ruy Rosado de. "Agravamento de risco: conceito e limites". *In*: IBDS. *VII Fórum de Direito do Seguro José Sollero Filho*, 18-20 de outubro de 2017; MARTINS-COSTA, Judith. *A boa-fé no direito privado*: critérios para a sua aplicação. 2ª ed.

Esse viés é antigo. O problema da exclusão da responsabilidade da seguradora com base na alegação de agravamento do risco já havia motivado Coelho Rodrigues, no final do século XIX, inspirado no direito suíço, a ressalvar no artigo 949 do reputado Projeto de Código Civil Brasileiro, que "a aplicação dessa pena deverá fazer-se equitativamente, tomando-se em consideração a boa-fé das partes e abstraindo-se das meras possibilidades do aumento dos riscos, ou dos receios que possam parecer pueris."

As sutilezas deste tema costumam passar despercebidas. Acaba-se, involuntariamente, solucionando os casos com o emprego de outros institutos jurídicos. Deste modo, o agravamento passa a ser confundido com a ilicitude (ex:. arbitrariamente dirigir embriagado), com o não implemento de condição para a cobertura do seguro (ex:. falta de escolta regularmente exigida na apólice) etc. Assim, de forma paulatina, o significado de agravamento do risco segurado torna-se confuso e atentatório às legítimas expectativas que ambas as partes do contrato podem e devem ter com relação a esse fenômeno.

As regras básicas sobre o agravamento ou a agravação dos riscos são o artigo 678, n. 2, do Código Comercial, e os artigos 768 e 769, do Código Civil. Estas duas com

São Paulo: Saraiva, 2018. p. 381 e s.; THEDORO JÚNIOR, Humberto. *O contrato de seguro e a regulação do sinistro*. Disponível em http://www.ibds.com.br/artigos/OContratodeSeguroeaRegulacaodoSinistro.pdf. Acesso em 05.06.2020; e PETERSEN, Luiza Moreira. *O risco no contrato de seguro*. São Paulo: Roncarati, 2018. No direito estrangeiro: MORANDI, Juan Carlos F. *El riesgo en el contrato de seguro*. Buenos Aires: Astrea, 1974; VEIGA COPO, Abel B. *El riesgo en el contrato de seguro*: ensayo dogmático sobre el riesgo. Cizur Menor: Civitas, 2015; e ROITMAN, Horacio. *Agravación del riesgo en el contrato de seguro*. Buenos Aires: Abeledo-Perrot, 1973.

incidência sobre três situações distintas: (i) o agravamento voluntário ou intencional (art. 768): (ii) o agravamento omitido dolosamente pelo segurado (art. 769, *caput*); e (iii) o agravamento omitido sem dolo do qual o segurador tenha tomado conhecimento (art. 769, §1º).

Em comum, essas previsões não dizem respeito apenas ao direito ao recebimento de capitais ou indenizações, mas à perda da própria atribuição patrimonial de garantia de seguro.

Embora o artigo 768 do Código Civil não expresse a intensidade requerida para a caracterização do agravamento, devendo isto colher-se do artigo 678 do Código Comercial e do artigo 769 do Código Civil, por interpretação sistemática, o ato do segurado deve ser "de tal natureza ou importância" ou "capaz de agravar consideravelmente orisco coberto".

Não se cuida de *novo risco*, mas de novo *estado de risco*. Se o que aconteceu foi o surgimento de um risco *diverso* do assegurado, e não a alteração do *estado do risco* para outro substancialmente mais intenso – *inassegurável* ou somente *assegurável em condições e a preço muito distintos* – não há que se falar em agravamento, e sim em surgimento de risco cujo asseguramento depende de novo acordo de vontades, ainda que formado, como é da praxe, pela falta de recusa expressa ou aceitação tácita ou endosso emitido com retardo.

A nova circunstância – ou o novo estado do risco – pode ser definitiva ou passageira. Neste último caso, desaparecido o agravamento, desaparece a faculdade resolutiva, quando a resolução ainda não foi consumada. Passageira é diferente de efêmera.

Também em comum, esses dispositivos legais exigem a posterioridade do novo estado do risco em relação ao momento da formação do contrato de seguro.

Os meios disponíveis para a seguradora descobrir o estado do risco são: (i) o uso de questionários, os mais técnicos e claros possíveis, a serem respondidos pessoalmente pelos segurados, e (ii) as inspeções prévias de risco. A descoberta *a posteriori* de um estado de risco diferente daquele comprovadamente levado em conta no momento da formação do contrato de seguro não é agravamento do risco. Ou o desconhecimento decorreu de erro manifesto ou de má-fé do proponente do seguro, que foi reticente quando prestou as declarações (situação reprovável, mas diversa, regulada pelo artigo 766 do Código Civil), ou da falta de serviço da própria seguradora.

O conhecimento do agravamento do risco, subsequente à formação do contrato, pode resultar da comunicação feita pelo segurado, muitas vezes pouco habilitado para identificar e decidir sobre a relevância do fato. Por isso, as apólices preveem inspeções intercorrentes: (i) de rotina em visita que se fizer ao local do risco; (ii) quando da emissão de um aditamento contratual; ou (iii) ou na ocasião da regulação de sinistro verificado no local do risco ou que exija a inspeção deste.

A resolução do contrato por agravamento do risco é muito importante para ambas as partes.

Para a seguradora, porque ela não pode ser obrigada a garantir condutas que retirem ou restrinjam de forma significativa a casualidade do sinistro, como seria o caso do suporte fático para a incidência do artigo 768, nem de condutas reticentes deliberadas, como previsto no § 1º do artigo 769 e, igualmente, não está obrigada a sujeitar-se a garantir um risco que se modificou, essencialmente, a ponto de não ser passível de aceitação ou de exigir uma contraprestação substancialmente diversa.

Para o segurado, porque ele espera que o seguro se mantenha vigente e produza efeitos plenos, permitindo-lhe, assim, fruir o mais livremente possível dos bens da vida sobre os quais recaem seus interesses que foram assegurados, sem ser submetido às incontáveis limitações de conduta que os estudiosos da infortunística possam imaginar. O seguro é instrumento de estímulo e deve promover o exercício mais intenso das atividades econômicas em geral. O uso desmedido da resolução por agravamento arrisca retirar do seguro a sua principal funcionalidade econômica e social: *tranquilizar o segurado e os beneficiários quanto à existência de proteção diante dos riscos do tipo garantido, propiciando-lhes o exercício normal de suas atividades, sejam pessoais, profissionais ou empresariais, e liberando-lhes os meios e os capitais que haveriam de ser reservados para o enfrentamento dos riscos.*

Por isso, não é possível aproximar-se suficientemente do tema do agravamento do risco sem considerar, a cada passo, que o seguro tem função estimulante para os negócios por deixar o segurado "aliviado do peso dos riscos"[12]. Noutros termos, o seguro serve ao *princípio da audácia*.[13]

É indispensável, também, levar em conta que a chamada operação de seguro se desenvolve por meio de empresas profissionais assentadas tecnicamente na

---

12 COMPARATO, Fábio Konder. *O seguro de crédito:* estudo jurídico. São Paulo: Revista dos Tribunais, 1968. p. 13.

13 "Em 1601, o Parlamento inglês edita uma Lei de Seguro (*Insurance Act*) definindo o negócio a partir de três objetivos que persistem atuais: distribuir as perdas de alguns entre muitos (solidarização), encorajar aqueles que são reticentes para assumir riscos antes da garantia de uma compensação

exploração massiva de negócios, sejam os seguros ordinários ou de grandes riscos. Essa operação tem especial estrutura de solvência, completamente distinta daquelas de que se valem a quase totalidade dos demais negócios privados.

As seguradoras e as resseguradoras estabelecem um sistema de solvência (capacidade econômico-financeira) e de solvabilidade (capacidade de adimplemento mediante pagamento) por meio de cálculos estatísticos e atuariais, considerando tecnicamente os riscos em geral e não cada risco assumido individualmente, e exercem juízos de precaução (consideração a respeito da possibilidade de surgirem riscos desconhecidos ou a remoldagem dos riscos conhecidos).

Nessa mesma lógica, tanto as responsabilidades calculadas quanto os desvios projetados com base na agigantada experiência infortunística e histórica da indústria do seguro, onde há agentes econômicos que sobreviveram a duas guerras mundiais e a inúmeras outras catástrofes, conduzem à formação obrigatória de reservas e provisões, assim como determinam uma rede de contratos voltados para evitar a ruína da seguradora: o resseguro e as retrocessões.

A preparação para o enfrentamento dos desvios de sinistralidade, seja por aumento da frequência, seja pela severi-

---

(estimulação) e convocar os mais jovens a serem empreendedores (ampliação das forças produtivas), assim se descortinando o seguro como uma técnica de pulverização do risco ou distribuição comunitária do custos dos acidentes para evitar as perdas individuais e promover as ações empreendedoras (Bunni, 2003, p.4), sendo discricionariamente acatados pelo sistema segurador inclusive aqueles riscos sabidamente mais agravados." (TZIRULNIK, Ernesto. *Seguro de riscos de engenharia:* instrumento do desenvolvimento. São Paulo: Roncarati, 2015. p. 149).

dade das lesões a interesses com o aumento das respectivas necessidades econômicas, é conatural da empresa de seguro. Isso explica a abrangência da operação de seguro prevista no artigo 4º do Decreto-Lei n. 73/66.[14]

Não se trata, propriamente, de uma empresa de solidarização, como as entidades assistenciais ou as mútuas que resultam da solidariedade coletiva e espontânea para o socorro das vítimas. Sem deixar de ser um "brilhante mecanismo para fomentar uma comunidade de apoio contra muitos de nossos piores medos"[15], o seguro é manifestação de uma organização capitalista empresarial que, na feliz expressão de dois juristas franceses, busca "controlar com antecedência as consequências possíveis dos acontecimentos, sem fazer apelo à generosidade posterior".[16]

Compreender essa especificidade da natureza da empresa do seguro, a inserção no próprio contrato do elemento empresarial (não no sentido vulgar que o modismo dá a esta expressão), revelando que no âmago do

14 Art. 4º. Integra-se nas operações de seguros privados o sistema de cosseguro, resseguro e retrocessão, por forma a pulverizar os riscos e fortalecer as relações econômicas do mercado." (BRASIL. *Decreto-Lei n. 73, de 21 de novembro de 1966*. Dispõe sobre o Sistema Nacional de Seguros Privados, regula as operações de seguros e resseguros e dá outras providências. Brasília, DF: Presidência da República. Disponível em http://www.planalto.gov.br/ccivil_03/Decreto-Lei/Del0073.htm. Acesso em: [Favor inserir data de acesso].

15 DOYLE, Aaron. "Seguro e confiança na sociedade do risco: uma perspectiva sociológica". *In*: IBDS (Coord.). *I congresso Internacional de Direito do Seguro – Conselho da Justiça Federal e do Superior Tribunal de Justiça*: VI Fórum de direito do Seguro "José Sollero Filho". vol. XIII. 1ª ed. São Paulo: Roncarati: IBDS, 2015. pp. 414-415. (Coleção Estudos de Direito do Seguro).

16 BERR, Claude-J.; GROUTEL, Humbert. *Droit des assurances*. 9ª ed. Paris:

contrato aparentemente aleatório encontra-se um dos mais perfeitos exemplos de contrato comutativo, é essencial para perceber que o tratamento dado às alterações econômicas que podem afetar os contratos em geral não se ajusta aos contratos de seguros que têm naqueles mencionados artigos o seu próprio regime de resolução por impossibilidade, imprevisão e onerosidade.[17]

Além dessa segunda cautela, aquele que de um modo ou de outro interage com as regulações de sinistro – seja o regulador ou o perito que atua na apuração da causa do sinistro, dos prejuízos indenizáveis e das coberturas incidentes, sejam advogados, juízes ou árbitros – deve estar consciente de que apesar dos discursos que ocupam páginas de livros técnicos e jurídicos sobre o tema, cada dia mais os seguradores, estimulados por razões comerciais, vêm deliberadamente assumindo riscos que em princípio e em tese não assumiriam, enfim, que normalmente não deveriam subscrever.

Essa realidade dos negócios, que não pode ser sublimada quando se estuda o instituto do agravamento, é registrada em uma das mais importantes pesquisas sociológica, econômica e filosófica sobre o seguro:

> Em condições favoráveis de subscrição de riscos, as seguradoras trabalham com seus clientes comerciais numa relação que visa primordialmente adequar e melhorar o ambiente de prevenção de perdas. Entrevistamos um especialista do serviço técnico de prevenção de perdas de uma seguradora

---

Dalloz, 2001. p. 2.
17 Na feliz expressão (inédita) da Dra. Inaê Siqueira de Oliveira, o "microssistema de tutela do sinalagma contratual".

comercial multinacional. Ele tinha uma equipe de engenheiros de controle de perdas que inspecionava propriedades comerciais na etapa de subscrição de riscos e fazia recomendações para melhorá-las. Ele disse: 'Podemos fazer o seguro mesmo que eles não sigam as recomendações. Trabalhamos com a subscrição o tempo todo e com a corretora para tentar motivar o cliente a seguir as recomendações'. Este entrevistado descreveu a subscrição de uma firma comercial que tinha um sistema inadequado de sprinklers para combater incêndios. Um sistema novo custaria US$350.000 e a abordagem adotada foi instalar esse sistema ao longo de vários anos para diluir o custo. Se um sistema completamente novo fosse exigido logo no início como condição para fazer o seguro, o cliente poderia facilmente ter encontrado outra seguradora e teríamos perdido uma relação lucrativa de seguro. Além disso, a corretora de seguros envolvida também tinha uma relação importante com o cliente e com a seguradora, que poderia ser prejudicada se o cliente fosse pressionado além da conta em detalhes da prevenção de perdas. O entrevistado usou esse caso para ilustrar como uma situação inadequada de segurança preventiva pode ainda ser segurada 'porque faz sentido comercial oferecer a apólice, visto que estamos tentando crescer junto com essa corretora. Ou, este é um plano de seguro em vinte; os outros dezenove são impecáveis e trata-se potencialmente de $10 milhões, ou seja o que for, $12 milhões em prêmios, e estou disposto a assumir um negócio ruim a fim de subscrever os outros dezenove'.[18]

É crescente o uso da exceção de agravamento do risco no curso das regulações de sinistros executadas por técnicos e empresas que dependem da avaliação que as seguradoras e,

18 BARRY, Dean; DOYLE, Aaron; ERICSON, Diana. *Insurance as governance*. Toronto: University of Toronto Press, 2003. p. 295.

principalmente, as resseguradoras façam dos seus serviços. O aumento do uso da agravação como fundamento para a recusa do pagamento de indenizações, entre outros motivos, ocorre porque as apólices de seguro – que se padronizam sempre tendo em conta a cultura das resseguradoras, de forma a evitar o descasamento entre o seguro e o resseguro que dificulta a chamada "recuperação de resseguro" – vieram se ajustando a padrões estrangeiros, estranhos à experiência brasileira.

Apenas a título de exemplo, os seguros de riscos de engenharia. São seguros que têm suas cláusulas basicamente formadas nos países centrais, de onde procedem as seguradoras e as resseguradoras privadas que operam com esse tipo de risco. Em seguida à construção do Eurotúnel, sob o Canal da Mancha, as regulações de sinistros ocorridos durante a execução das obras viárias brasileiras e de outros países em desenvolvimento passaram a ter como parâmetro o chamado *Joint Code*. Trata-se de um documento desenvolvido em 2001 por exigência feita pela Associação Britânica de Seguradoras à Associação Britânica de Túneis, cuja observância tornou-se indispensável para as subscrições de riscos e para a execução dos seguros contratados.

As regras desse Código adequam-se às conjunturas europeias e britânica e contêm algumas previsões impraticáveis nas obras civis desenvolvidas nos países periféricos. As recomendações das resseguradoras internacionais, no entanto, passaram a ser observadas pelas seguradoras e pelas reguladoras de sinistro de todo o mundo para evitar os descasamentos inconvenientes para as seguradoras, sem o indispensável ajustamento às experiências jurídicas, técnicas, sociais e econômicas dos distintos países, o que conduziu a inúmeros conflitos, a exemplo da regulação de sinistro de engenharia da Linha Amarela, na cidade do Rio de Janeiro, que se tornou conflituosa devido às divergências entre o modo de registrar o andamento das obras e o que seria recomendado pelo *Joint Code*[19], ao qual fazia remissão a apólice da seguradora brasileira, por exigência dos seus resseguradores.

Os exemplos de descasamento são muitos. Basta ver o que sucede com os seguros de danos em geral. Ao mesmo tempo em que o Código Civil estabeleceu, como elemento do contrato, o interesse e colocou-o como objeto do seguro (art. 757), passaram a surgir no mercado apólices reproduzindo expressão estranha à nossa cultura e que, há muito, era polêmica no próprio Reino Unido, nos países europeus em geral e nos Estados Unidos, com o objetivo de restringir a cobertura desfocando o legítimo interesse e enfatizando o requisito de "dano físico à propriedade tangível" sobre a qual recai o legítimo interesse.[20]

Com essas advertências sobre o que é funcional dos seguros e sobre o que é real no mundo desses negócios, já

---

19 EDGERTON, Willian W. *Recommended contract practices for underground construction*. [s. l.]: Society for Mining, Metallurgy and Exploration, Inc., 2008. p. 33 e s.

20 Hoje, com a pandemia da COVID-19, esse descasamento causará polêmicas. Se o dano físico à coisa for exigido para a caracterização do sinistro, os estabelecimentos comerciais, como o restaurante que não pode abrir por razões de contaminação, estarão despojados de coberturas de lucros cessantes que, em geral, preveem a exigência de dano físico. A perda da utilidade e a consequente cessação de resultados foram absolutas, mas não se trata de dano físico, embora seja inegável a contundência do acidente que tem por efeito suprimir a possibilidade do exercício da atividade e a consequente percepção de resultados.

poderíamos examinar a exceção por agravamento, sem tantos preconceitos ou artificialidades.

Há, porém, três outras circunstâncias com reflexos jurídicos que também devem ser enfatizadas antes da definitiva aproximação ao tema. Refiro-me: (i) às inspeções de risco, prévias e intercorrentes; (ii) aos documentos de formação, aperfeiçoamento e prova dos contratos; e (iii) às regulações e liquidações de sinistros.

Como as empresas em geral, as seguradoras vêm reduzindo progressivamente seus custos. Entre os cortes de gastos, encontram-se os necessários para as inspeções de risco prévias às aceitações das propostas de seguro, bem como as inspeções intercorrentes, isto é, aquelas feitas durante a vigência dos seguros para o monitoramento do risco pela seguradora. Sendo a seguradora – como as resseguradoras – uma especialista em riscos e sinistros, dela é esperada competência para aferir o estado do risco no seu próprio interesse e no do segurado, orientando-lhe sobre medidas de prevenção destinadas a preservar a relação obrigacional e evitar ou conter, caso ocorra, o sinistro, evento que é indesejado por ambas as partes do contrato.

Praticamente não existem, nos dias atuais, departamentos de seguradoras e mesmo de resseguradoras dedicados à prestação dos serviços técnicos de avaliação, monitoramento e prevenção de riscos. Os antigos departamentos de sinistro minguaram com a terceirização dos serviços, o que no Brasil revela um paradoxo curioso: durante o monopólio do resseguro pelo IRB (Instituto de Resseguros do Brasil), a este cabiam todas as regulações de sinistro e as seguradoras ainda assim mantinham departamentos de sinistro para assistência ao IRB, mas depois da extinção do monopólio, quando a competência pela prestação dos serviços de regulação e liquidação de sinistros voltou exclusivamente para as seguradoras, foram enxugados os departamentos de sinistro.

Embora as seguradoras continuem prevendo, nas suas cotações e apólices, o condicionamento da aceitação do seguro à inspeção do risco e reservem para si o direito de realizarem inspeções intercorrentes, algumas declarando-se obrigadas a realizá-las para a prevenção do risco do segurado, o fato é que raramente elas se dispõem a efetuar gastos com essas inspeções e deixam de se precaver e de contribuir para a gestão do risco pelos segurados.

Algumas corretoras de seguros, ainda hoje, prestam serviços de inspeção. Estes serviços não são propriamente voltados para a prevenção da frequência e severidade dos sinistros; eles têm foco na avaliação do interesse segurado e, quando muito, trazem recomendações básicas, por exemplo, a instalação de extintores e *sprinklers* para os seguros de incêndio, sempre tendo por objetivo a determinação do prêmio do seguro, a fixação do limite segurado e dos sublimites por interesse ou risco, assim como evitar rateios proporcionais indesejados, no caso de sinistro.

Se o apetite comercial e os custos com inspeções de risco causam efeitos sobre o conteúdo resultante dos negócios securitários, a questão se agrava com a falta de investimentos para a formulação de questionários de risco capazes de bem delimitar as declarações necessárias para a aceitação ou não do seguro e a fixação da taxa de prêmio a ser utilizada. O mesmo ocorre com os investimentos realizados na redação das apólices, provavelmente, entre os instrumentos típicos de contratos por adesão, os menos cuidados e mais obscuros, às vezes ininteligíveis.

Finalmente, o intérprete de questões relacionadas com o contrato de seguro e, notadamente, com o tema do agravamento do risco, não pode deixar de ter em conta que as regulações de sinistro também vêm sendo desprestigiadas pelas seguradoras. Os outrora atinados departamentos de sinistros das seguradoras, afinal, foram resumidos a poucas posições para monitoramento dos prestadores de serviços externos, cada dia mais pressionados para também reduzir os custos.

Essa circunstância comunga a lógica financista dos negócios em geral que, paulatinamente, restringe custos para aumentar ou preservar as margens de lucro. No Brasil, ela é agravada pela história.

Ao longo de muitas décadas, tal qual as inspeções de riscos, as regulações e liquidações de sinistros foram fornecidas ou acompanhadas *pari passu* pelo ressegurador monopolista, o Instituto de Resseguros do Brasil (IRB).

O IRB tinha o poder-dever de regular todos os sinistros[21] e equipou-se com os recursos humanos mais qualificados. Algumas seguradoras, para receberem do IRB a delegação da execução das regulações dos seus próprios sinistros, investiam na contratação de quadros qualificados, eventualmente profissionais aposentados do IRB.

Nos anos 1990, o movimento da abertura do setor de resseguros e a privatização do IRB acabaram por conduzir

---

21 Decreto-Lei n. 73/66: "Art. 44. Compete ao IRB: I – Na qualidade de órgão regulador de cosseguro, resseguro e retrocessão: g) proceder à liquidação de sinistros, de conformidade com os critérios traçados pelas normas de cada ramo de seguro; (...) i) representar as retrocessionárias nas liquidações de sinistros amigáveis ou judiciais". Estes dispositivos foram revogados pela Lei Complementar n. 126/2007.

à desmobilização das estruturas técnicas, de inspeção e de regulação e liquidação de sinistros, e essas atividades, principalmente as regulações e liquidações, passaram rapidamente a ser controladas, ainda que de fato, pelas resseguradoras. Essa mudança aconteceu primeiro nos chamados seguros vultosos e de grandes riscos e, logo, os seguros massificados tiveram suas regulações integralmente transferidas para sociedades reguladoras de sinistros. Essa transferência da responsabilidade pela prestação dos serviços de regulação e de liquidação para sociedades externas, muitas delas pertencentes ou com contratos de representação e cooperação com reguladoras estrangeiras, fenômeno que também se deu no âmbito das advocacias que costumam acompanhar grupos seguradores e resseguradores nas suas operações mundiais, acabou por trazer conceitos, critérios e práticas diferentes dos que aqui se haviam sedimentado, por meio de novos padrões de documentos ou pela interpretação de cláusulas feita durante as regulações e liquidações.

Além disso, as sociedades prestadoras de serviços de regulação e liquidação têm como único cliente real o setor ressegurador, altamente oligopolizado. A competição é acirrada e cuide-se quem não satisfizer os clientes.

Esse cenário que pode parecer alarmista é essencialmente o mesmo nas economias desenvolvidas. A situação é similar na mais importante sede seguradora e resseguradora europeia. Em livro que, na Alemanha, é referência para a iniciação dos estudiosos do direito ao seguro patrimonial industrial (chamados seguros de grandes riscos ou vultosos), um experiente e qualificado especialista adverte que embora o ingresso de prêmios seja impressionante, "o ambiente não é de festa e os resultados encontram-se fortemente no vermelho", e que isso, diante da impossibilidade de compensar os prejuízos com os resultados da aplicação dos prêmios arrecadados no mercado financeiro e bursátil, conduz resseguradoras e seguradoras a restringir suas políticas de subscrição de riscos, esvaziar o conteúdo das garantias e fechar as torneiras das indenizações através das "práticas seguidas na regulação dos sinistros"[22].

Tendo em vista as particularidades anotadas, podemos seguir examinando o tema do agravamento do risco que, como dissemos, vem se tornando fonte frequente de conflitos e, muitas vezes, é confundido com outros institutos jurídicos.

O agravamento do risco a que se refere o artigo 768 do Código Civil é a conduta voluntária do segurado "capaz de agravar consideravelmente o risco coberto". Diversos autores entendem que se trata do ato do segurado intencionalmente praticado com o objetivo de que o sinistro se produza para receber a prestação indenizatória da seguradora. A exigência do dolo direto atinente à obtenção da prestação de seguro parece demasia. O asseguramento do dolo em si, independente da intenção de fraude, ofende a ordem pública e a conduta dolosa suprime a álea ínsita à ideia de risco e sinistro. Sabe-se que ordem pública e supressão da aleatoriedade do sinistro são os dois fundamentos da inassegurabilidade. Por isso, essa leitura restritiva do dispositivo não faria sentido.

A exceção por agravamento aplica-se sempre que o segurado, independentemente de haver programado receber a

---

22 SCHNEIDER Wolfgang. "Seguro patrimonial industrial". *In*: HÖRA, Knut (Coord.). *Manual muniquense de direito de seguro para advogados*. 4ª ed., revista e ampliada. Munique: C. H. Beck, 2017.

indenização do seguro, lesiona deliberadamente o interesse que assegurou.[23] Ter interesse legítimo, portanto, interesse assegurável e assegurado, é não querer que o sinistro aconteça.

Mas não se esgota necessariamente aí a base de incidência da exceção por agravamento. Há situações excepcionais em que o segurado está consciente de que a conduta pela qual opta imotivadamente propicia o substancial aumento da possibilidade de ocorrência de sinistro, assumindo o segurado o risco desse resultado. Pode-se, em outras palavras, afirmar que o chamado dolo eventual – a assunção consciente do risco de suceder o resultado indesejado – pode, em certos casos, caracterizar conduta autorizadora da exceção de agravamento.

---

23 Em acórdão recente, o Desembargador Enio Santarelli Zuliani ressaltou a importância de se verificar sempre o real interesse segurado para que se possa fazer incidir ou não o regime do agravamento do risco: "A outra questão, a respeito do eventual agravamento do risco, também me pareceu que não se amolda à situação prevista aqui na doutrina, porque o nosso Código ele não normatiza o que é agravamento de risco. Nós temos que buscar na doutrina. A doutrina diz que tem que ser substancial. Tem que ser uma conduta que agrava de maneira substancial. E eu não vi isso, porque me parece que essa troca de cinco unidades não me parece que tenha sido o problema que originou o inadimplemento completo da obra que agora está sendo tomada a sequência por outros meios. Então, Doutor advogado, Doutor [...], advogado da seguradora: me parece aqui que a questão do interesse, que é o nome que a doutrina dá para categorizar esse tipo de contrato de garantia, que o interesse está presente aqui. Que o interesse era proteger aquela que era proprietária do terreno e que está em prejuízo porque a obra está incompleta. Tinha um seguro e esse seguro haverá de ser pago". (Voto do Des. Enio Santarelli Zuliani na apelação cível n. 1023359-89.2019.8.26.0100 – Apelantes: EVEN EMPREENDIMENTOS IMOBILIÁRIOS LTDA e FAIRFAX BRASIL SEGUROS CORPORATIVOS S.A. 4ª Câmara de Direito Privado. Relatora Des. Marcia Dalla Déa Barone, j. 02/07/2020).

Tanto o dolo direto, quanto, em certas circunstâncias, o dolo indireto, produzem o desaparecimento da legitimidade do interesse segurado, exigida no artigo 757 do Código Civil. Aquele que lesiona um interesse sobre qualquer de seus bens ou assume ser essa lesão resultado indiferente para sua conduta revela a ausência do interesse legítimo. Por isso, não apenas perde o direito à indenização, como o direito à garantia do seguro, resolvendo-se o contrato *ipse iure*, sem reembolso dos prêmios devidos.

O dolo indireto, porém, pode constituir comportamento ajustado ao seguro, como acontece sempre que o segurado optar por um resultado para evitar mal maior (danos mais severos ou ofensivo a bens da vida prioritários).

Para desmistificar a ideia de que o dolo eventual é necessariamente excludente do dever de indenizar da seguradora, lembre-se que ele pode constituir, até mesmo, um ato de salvamento ou contenção que o segurado deve praticar enquanto a seguradora não teve como dar início ao serviço de regulação de sinistro, sob pena de perder direito ao seguro na eventualidade de sua omissão vir a prejudicá-la (Código Civil, artigo 771, parágrafo único).

De fato, pressionado pela circunstância do sinistro ou de sua iminência, o segurado muitas vezes é levado a fazer a "escolha de Sofia".[24]

---

24 Casos reais dramáticos mimetizam, na infortunística, o fenômeno do dolo eventual ou o que se pode chamar de "escolha de Sofia": (1) em 1996, o Fokker-100 da TAM, comandado pelo Comandante Moreno, caiu logo após decolar do aeroporto de Congonhas, em São Paulo. As caixas pretas da aeronave registraram, nos momentos anteriores ao acidente, a conversa

entre Moreno e os demais tripulantes. Inicialmente, o Comandante diz que tentará retornar, mas, com a iminência do acidente, suas últimas palavras foram: "estou livrando a escola" e jogou o avião de encontro a um sobrado; (2) Barragens podem romper em questão de horas, por galgamento ou erosão interna, colocando em risco as populações a jusante, nas áreas de auto salvamento. Por este motivo, as barragens são classificadas em função do dano potencial e das consequências humanas, econômicas e ambientais de um eventual acidente. Quando iminente a materialização do risco, equipes são enviadas para tentar impedir ou retardar a ruptura, trabalhando em zonas onde há clara ameaça a vidas humanas, momento em que o engenheiro responsável faz uma escolha entre seus operadores e a população vivendo a jusante da barragem. (3) No famoso acidente de Teton Dam, que rompeu, em 1976, nos Estados Unidos, houve um hiato de apenas quatro horas entre a primeira surgência de água no talude e a ruptura completa da barragem. Nos relatos técnicos (fotos abundantes na internet), é reportado que "crews with bulldozers were sent to plug the leak, but were unsuccessful". Aparentemente, não houve mortes de trabalhadores durante o episódio, porém teriam morrido onze pessoas em função da ruptura. (4) Nas áreas de mineração, são frequentes os acidentes em túneis, com o desmoronamento de galerias de acesso e o consequente bloqueio de equipes de mineiros, que ficam presos no interior da mina. Nestes casos, é comum o gerente de operações montar pequenas equipes de resgate, muito experientes, que se deslocam para a área de rompimento no sentido de avaliar a situação e, eventualmente, debloquear o caminho, não raro às custas de suas próprias vidas. (5) Quando acontecem os incêndios, equipes de bombeiros são enviadas para salvamento de pessoas ou para impedir que o fogo se alastre para estruturas vizinhas. Muitos bombeiros morrem durante esses procedimentos. Existe uma escolha entre salvar as pessoas em risco e colocar em risco as equipes enviadas às áreas dominadas pelo fogo. Existem relatos interessantes, e, inclusive, filmes, sobre morte de equipes de resgate enviadas para conter incêndios florestais. Os comandantes decidem quanto à posição das equipes, sendo que algumas são cercadas pelo fogo e morrem no local. (6) As instalações de uma plataforma offshore para exploração de óleo e gás, situada no Golfo do México, sofreram explosão inicial que provocou mortes e muitos feridos. Uma equipe de resgate foi enviada para a retirada dos trabalhadores. Não havendo tempo para sua evacuação, a equipe de socorro morre ao final do resgate. (7) Nas instalações logísticas, a movimentação de cargas nos pátios e para embarques e desembarques, muitas vezes, são feitas por sistema automatizados, com o uso de esteiras, empilhadeiras e veículos carregadores/descarregadores. Quando um ou mais desses elementos da logística portuária sofrem danos ou ficam à mercê de sofrê-los iminentemente, e a operação tem de ser interrompida, ameaçando prejuízos com perda de mercado, lucros cessantes, *demurrage* etc. (eventualmente garantidos por um seguro), o segurado deve adotar todas as medidas ao seu alcance, até o comparecimento da seguradora, no interesse próprio e como gestor de negócio da seguradora, para o fim de evitar ou atenuar os efeitos do sinistro. Entre essas medidas, muitas vezes, o operador portuário é obrigado a alterar os métodos e os meios de armazenamento, e a movimentação por outros sabidamente mais perigosos do que os existentes antes do sinistro. (8) É sabido que os países com maior poder econômico e político exercem o império sobre os cidadãos e as empresas dos demais países por meio da órgãos estatais ou agências. O exemplo mais conhecido é o da agência norte-americana de controle e fiscalização do mercado mobiliário, a SEC (Securities and Exchange Commission), que extrapola os limites nacionais, especialmente, em temas que envolvam a suspeita de corrupção (DAVIS, Kevin E. *Between impunity and imperialism*: the regulation of transnational bribery. Oxford: Oxford University Press, 2019). Para suas atividades, a SEC utiliza-se do sistema de barganha processual, que se vale da técnica de obter a cooperação dos investigados mediante a criação de contexto de coerção ("coerced cooperation"). Assim como acontece nacionalmente, quando os particulares são levados a celebrar o Termo de Ajuste de Conduta, imposto pelos órgãos do Ministério Público, as empresas implicadas em investigações conduzidas pela SEC, por vezes, são levadas a celebrar acordos e fazer confissões sem que haja uma alternativa real entre a aceitação e a rejeição dos seus termos. Os custos de defesa e a severidade das eventuais sanções transformam a sujeição ao procedimento uma estratégia antieconômica e de alto risco. As consequências colaterais graves da simples continuidade do procedimento de investigação pela SEC são em geral desproporcionais e indesejáveis, chegando a doutrina a utilizar a expressão "morte por acusação" ("death by indictment"). Veja-se a matéria de Jean-Michel Quatrepoint: "O DOJ e os outros órgãos se comportam como procuradores, com um objetivo: obter uma 'declaração de culpa' por parte do acusado. Quanto mais este último demorar para confessar e aceitar

Distinta do dolo, direto ou indireto, é a chamada culpa consciente. A diferença entre o dolo eventual e a culpa consciente é o fato de que, no segundo caso, o segurado, embora cogite sobre o resultado lesivo ao interesse segurado que sua conduta pode acarretar, acredita que isso não ocorrerá. O resultado para ele não é indiferente, como ocorre no caso do dolo indireto ou eventual. A culpa consciente não integra o tipo do artigo 768. A conduta em si não corresponde a ato voluntário de agravamento do risco. Essa distinção fundamental entre dolo, direto ou indireto, e culpa consciente, tão comum aos estudiosos do direito penal, mas na qual a jurisprudência em matéria de seguro às vezes ainda vacila, é mais assentada no direito estrangeiro. Em obra recente, Chagny e Perdrix noticiam a interpretação restritiva dada pela Corte de Cassação francesa à ideia de ato doloso ou intencional. Ela não abrange, por exemplo, atos negligentes, realizados com a simples consciência de que representam um risco.[25] A solução é a mesma no direito brasileiro. Por mais intensa que

---

a sentença, mais pesada ela será. É o que explica em parte a diferença de tratamento em matéria de corrupção entre as empresas norte-americanas e as outras. Acostumadas com os procedimentos desse tipo, as primeiras negociam muito rápido, enquanto as segundas, como a Siemens e a Alstom, demoram para ter noção do perigo". (QUATREPOINT, Jean-Michel. "Em nome da lei americana...". *Le Monde Diplomatique – Brasil*, edição n. 115, de 17 abr. 2017. Disponível em https://diplomatique.org.br/em-nome-da-lei-americana/. Acesso em 18.07.2020. As empresas e executivos brasileiros tem-se encontrado nesse contexto, especialmente, mas não só, a partir da Operação Lava Jato. Até mesmo uma confissão, desse modo, pode ser considerada, a depender das circunstâncias do caso concreto, conduta destinada a reduzir os efeitos do sinistro.

25 MURIEL, Chagny; PERDRIX, Louis. *Droit des assurances*. 4. ed. Paris: LGDJ, 2018. pp. 152-153.

seja a culpa, apenas o dolo integra o suporte fático do artigo 768 do Código Civil.

O ônus da prova do suporte fático do agravamento do risco, que extingue de plano a garantia do seguro, cabe à seguradora. Essa prova deve ser considerada com muito cuidado nos casos limítrofes do dolo eventual e da culpa consciente. Esse ônus não é absurdo a ponto de permitir a confusão entre as distintas circunstâncias, sendo comum no processo penal enfrentar-se situações do tipo.[26]

---

26 (i) "AGRAVO INTERNO. AGRAVO DE INSTRUMENTO. HOMICÍDIO. ACIDENTE DE TRÂNSITO. DOLO EVENTUAL. CULPA CONSCIENTE. REVALORAÇÃO DE PROVAS. AGRAVO A QUE SE NEGA PROVIMENTO. 1. Considerando que o dolo eventual não é extraído da mente do acusado, mas das circunstâncias do fato, na hipótese em que a denúncia limita-se a narrar o elemento cognitivo do dolo, o seu aspecto de conhecimento pressuposto ao querer (vontade), não há como concluir pela existência do dolo eventual. Para tanto, há que evidenciar como e em que momento o sujeito assumiu o risco de produzir o resultado, isto é, admitiu e aceitou o risco de produzi-lo. Deve-se demonstrar a antevisão do resultado, isto é, a percepção de que é possível causá-lo antes da realização do comportamento. 2. Agravo a que se nega provimento". (Superior Tribunal de Justiça, Agravo Regimental no Agravo de Instrumento, 1189970 – DF 2009/01050713-6, Relator: Min CELSO LIMONGI, 2010). (ii) "PENAL. PROCESSUAL. AGRAVO REGIMENTAL EM RECURSO ESPECIAL. ALÍNEA C DO PERMISSIVO CONSTITUCIONAL. FALTA DE COTEJO ANALÍTICO. IMPOSSIBILIDADE DE EXAME DA DIVERGÊNCIA JURISPRUDENCIAL. HOMICÍDIO. ACIDENTE DE TRÂNSITO. DOLO EVENTUAL. CULPA CONSCIENTE. REVALORAÇÃO DE PROVAS. POSSIBILIDADE. INEXISTÊNCIA DE ELEMENTOS DO DOLO EVENTUAL. CIRCUNSTÂNCIAS DO FATO QUE NÃO EVIDENCIAM A ANTEVISÃO E A ASSUNÇÃO DO RESULTADO PELO RÉU. DESCLASSIFICAÇÃO DA CONDUTA QUE SE IMPÕE. AGRAVO A QUE SE NEGA PROVIMENTO.

O enunciado n. 374, na IV Jornada de Direito Civil do Conselho da Justiça Federal, chama a atenção para a importância da prova efetiva do agravamento: "No contrato de seguro, o juiz deve proceder com equidade, atentando às circunstâncias reais, e não a probabilidades infundadas, quanto à agravação dos riscos."

Além do nexo entre o ato e o agravamento do risco, a jurisprudência brasileira, acostumada a examinar o tema apenas em situações de sinistro, também exige o nexo causal estabelecido entre o ato voluntário de agravamento e a concretização do sinistro, pois, como dito, as seguradoras não mais fazem inspeções prévias ou intercorrentes dos riscos que asseguram, praticamente anulando a possibilidade de arguição de resolução por agravamento antes da ocorrência dos sinistros..

Nos seguros de vida e acidentes pessoais, a jurisprudência brasileira, felizmente, tem aplanado o uso abusivo da exceção por agravamento. As decisões em casos de embriaguez do segurado serve de exemplo a essa tendência restritiva.[27]

---

4. Considerando que o dolo eventual não é extraído da mente do acusado, mas das circunstâncias do fato, na hipótese em que a denúncia limita-se a narrar o elemento cognitivo do dolo, o seu aspecto de conhecimento pressuposto ao querer (vontade), não há como concluir pela existência do dolo eventual. Para tanto, há que evidenciar como e em que momento o sujeito assumiu o risco de produzir o resultado, isto é, admitiu e aceitou o risco de produzi-lo. Deve-se demonstrar a antevisão do resultado, isto é, a percepção de que é possível causá-lo antes da realização do comportamento. 5. Agravo a que se nega provimento". (Superior Tribunal de Justiça, Agravo Regimental no Recurso Especial, 1043279 – PR 2008/0066044-4, Relatora: JANE SILVA, 2008).

27 A propósito conferir os seguintes julgados do STJ de 2019. (1) "Seguro de

O tratamento do instituto da exceção por agravamento de risco sofre certa confusão no âmbito dos seguros de dano, ou "não-vida", em razão de haver-se tornado comum classificar como caso de agravamento a condução, pelo segurado e/ou seus dependentes, do veículo sobre o qual

> vida. AgInt nos EDcl no REsp 1818906/SP, Rel. Ministro RAUL ARAÚJO, QUARTA TURMA, julgado em 05/12/2019, DJe 18/12/2019. AGRAVO INTERNO NOS EMBARGOS DE DECLARAÇÃO NO RECURSO ESPECIAL. AÇÃO DE COBRANÇA DE SEGURO DE VIDA. ACIDENTE DE TRÂNSITO. MORTE DO SEGURADO. NEGATIVA DE COBERTURA PELA SEGURADORA. ALEGAÇÃO DE AGRAVAMENTO DO RISCO. EMBRIAGUEZ. SÚMULA 620/STJ. AGRAVO INTERNO DESPROVIDO. 1. 'A embriaguez do segurado não exime a seguradora do pagamento da indenização prevista em contrato de seguro de vida' (Súmula 620, SEGUNDA SEÇÃO, DJe de 17/12/2018). 2. Agravo interno a que se nega provimento". (2) "AgInt no REsp 1728428/SC, Rel. Ministro RICARDO VILLAS BÔAS CUEVA, TERCEIRA TURMA, julgado em 25/02/2019, DJe 01/03/2019. AGRAVO INTERNO NO RECURSO ESPECIAL. CIVIL. SEGURO DE VIDA. ACIDENTE DE TRÂNSITO. CAUSA DO SINISTRO. EMBRIAGUEZ DO SEGURADO. MORTE ACIDENTAL. AGRAVAMENTO DO RISCO. DESCARACTERIZAÇÃO. DEVER DE INDENIZAR DA SEGURADORA. ESPÉCIE SECURITÁRIA. COBERTURA AMPLA. CLÁUSULA DE EXCLUSÃO. ABUSIVIDADE. SEGURO DE AUTOMÓVEL. TRATAMENTO DIVERSO. 1. Recurso especial interposto contra acórdão publicado na vigência do Código de Processo Civil de 2015 (Enunciados Administrativos n. 2 e 3/STJ). 2. No seguro de vida, ao contrário do que ocorre no seguro de automóvel, é vedada a exclusão de cobertura na hipótese de sinistros ou acidentes decorrentes de atos praticados pelo segurado em estado de insanidade mental, de alcoolismo ou sob efeito de substâncias tóxicas (Carta Circular SUSEP/DETEC/GAB n. 8/2007). Precedentes. 3. As cláusulas restritivas do dever de indenizar no contrato de seguro de vida são mais raras, visto que não podem esvaziar a finalidade do contrato, sendo da essência do seguro de vida um permanente e contínuo agravamento do risco segurado".

recai o interesse coberto pelo seguro, quando o que conduz se encontrar em estado de embriaguez.

A questão, porém, não é de agravamento do risco. A conduta situa-se no plano da ilicitude penal. Os riscos da conduta dolosa (roubar, matar, receptar, enganar etc.) em favor do agente doloso não são asseguráveis porque ofendem a ordem pública. É o caso da embriaguez ao volante.

A jurisprudência que se desenvolve sobre o tema da embriaguez nos seguros automobilísticos e de transporte terrestre, e que, para solucionar essa tão particular questão, classifica-a no artigo 768, ameaça a compreensão da exceção por agravamento e sua correta aplicação. Os principais efeitos distorcidos são a equiparação do dolo à culpa grave e a admissão de presunção relativa de agravamento do risco, onde é requerida prova do fundamento fático para a resolução do contrato, que não se pode confundir com o simples perdimento do direito ao recebimento da indenização[28].

---

28 O agravamento, exceção de resolução do contrato – e não excludente do simples dever de indenizar – não admite presunção. Cabe a prova ao que alega o fundamento para a resolução contratual. As decisões que versam sobre a embriaguez, notadamente a de terceiro, levaram à construção do que se tem chamado no STJ por "presunção judicial de agravamento do risco": "RECURSO ESPECIAL. SEGURO. ACIDENTE AÉREO. AGRAVAMENTO DO RISCO. EXCLUSÃO DE COBERTURA SECURITÁRIA POR ATO DO SEGURADO. VIOLAÇÃO DAS NORMAS PRIMÁRIAS DE SEGURANÇA DO SISTEMA AERONÁUTICO. AUSÊNCIA DE HABILITAÇÃO ESPECÍFICA DO PILOTO E HABILITAÇÃO VENCIDA DO COPILOTO. SOLICITAÇÃO DE PLANO DE VOO POR PILOTO DIVERSO. RESPONSABILIDADE DO COMANDANTE. CÓDIGO AERONÁUTICO. 1. 'Enquanto vigorar o contrato, o segurado abster-se-á de tudo quanto possa aumentar os riscos ou seja contrário aos termos do

A propósito, a ideia de presunção de agravamento desafia a Súmula n. 465 do STJ: "Ressalvada a hipótese de efetivo agravamento do risco, a seguradora não se exime do dever de indenizar em razão da transferência do veículo sem a sua prévia comunicação".

contrato, sob pena de perder o direito ao seguro', nos termos do art. 1.454 do CC/16 – cuja exegese é mantida pela atual redação do artigo 768 do CC/2002 ('O segurado perderá o direito à garantia se agravar intencionalmente o risco objeto do contrato'). 2. Sobre as hipóteses de agravamento do risco, o Superior Tribunal de Justiça perfilha entendimento de que 'a ausência de habilitação para dirigir não configura, por si só, o agravamento intencional do risco por parte do segurado, apto a afastar a obrigação de indenizar da seguradora', fazendo-se necessário que à referida circunstância sejam acrescidos outros fatores que caracterizem o incremento do risco. Precedentes. 3. Na mesma linha, a jurisprudência desta Corte aponta para situações de 'presunção judicial de agravamento do risco', evidenciadas pelo dolo ou culpa do segurado, 'que tem o dever de vigilância (culpa in vigilando) e o dever de escolha adequada daquele a quem confia a prática do ato (culpa *in eligendo*), dotadas de gravidade suficiente' (REsp 1485717/SP, Rel. Ministro Ricardo Vilas Bôas Cueva, Terceira Turma, julgado em 22/11/2016, DJe de 14/12/2016). 4. Nesse passo, a ausência de habilitação específica do piloto para conduzir aeronave por instrumentos e a condução de copiloto com habilitação vencida, associadas a irregularidades no plano de voo em razão de autorização concedida a piloto diverso – fatores que se encontram na esfera de responsabilidade do comandante e que se revelaram preponderantes ao sinistro – evidenciam situação de agravamento de risco. 5. Isso porque, sob o prisma da boa-fé, quando o segurado pratica conduta desidiosa ou ilícita, por dolo ou culpa, e, em tal contexto, frustra as justas expectativas da execução do contrato de seguro, contribui para o agravamento, cuja consequência não é outra senão a exoneração do dever de indenizar pela seguradora – ainda que, porventura, referente a fato de terceiro, conforme a jurisprudência desta Corte. 6. Recurso especial não provido" (REsp 1466237/SP, Rel. Ministro LUIS FELIPE SALOMÃO, Quarta Turma, julgado em 29/10/2019, DJe 18/12/2019).

Não se presume desequilíbrio contratual. Muito menos o agravamento que pode chegar a custar o crédito indenizatório do segurado, no momento em que mais dele necessita. Por isso, é entendimento pacífico na doutrina que: "Sólo las modificaciones que encierran mayor amenaza que aquélla para cuya protección se emite el seguro, de acuerdo con el estado objetivo del riesgo en el momento de su incorporación a la comunidad, merecen considerarse factores capaces de romper dicho equilibrio."[29]

Nos seguros de dano, a discussão sobre a exceção por agravamento tem ganho importância crescente. As circunstâncias de mercado e a crise econômica contribuem para que a arguição seja feita com maior constância. Assim, em sinistros abrigados por apólices que cobrem operações industriais e logísticas, com feixe de cobertura contra todos os riscos ("all risks"), incluindo até mesmo atos de sabotagem cometidos pelos empregados, é possível observar regulações arguindo o agravamento do risco por culpa *in vigilando* e *in eligendo*, o que é um evidente contrassenso.

A culpa, incluindo a culpa grave, não pode ser utilizada com licenciosidade para aferir a ocorrência de agravamento do risco, assim como os paquímetros do Japão, da Finlândia ou da Alemanha não têm acurácia ajustada para aferir desvios em condutas ocorridas em certas atividades ambientadas nos países em desenvolvimento, como o Brasil.

Tudo precisa ser bem ajustado para funcionar adequadamente, inclusive os seguros. Há atividades robotizadas, com seguros desenvolvidos a partir dessa condição

---

[29] MORANDI, Juan Carlos Félix. *El riesgo en el contrato de seguro*: régimen de las modificaciones que lo agravan. Buenos Aires: Editorial Astrea, 1974. p. 46.

produtiva de alta tecnologia, que, em determinados países, onde operam as mesmas resseguradoras que padronizaram suas coberturas tomando por base o estado da arte tecnológico, são exercidas por mãos humanas e, muitas vezes, mãos de pessoas de origem miserável e analfabetas.

Inúmeros juristas distanciam o instituto da chamada culpa grave, ressaltando a necessidade do dolo específico, da intenção de fraude.[30]

---

30 A propósito, ainda sob o Código Civil de 1916, que sequer mencionava o dolo ou a má-fé nos seus arts. 1.454 e 1.455, Miguel Reale ressaltava "o cuidado do legislador ao disciplinar a matéria, exigindo que o aplicador da pena não se deixe levar por elementos aparentes ('probabilidades infundadas') e só prive o seguro de eficácia quando haja elementos tangíveis que comprovem tenha o segurado efetiva e intencionalmente agido de modo a aumentar os riscos do contrato". (REALE, Miguel. "A equidade nos contratos de seguro". *In*: REALE, Miguel. *Teoria e prática do direito*. São Paulo: Saraiva, 1984. p. 308). Judith Martins-Costa confirma a necessidade do dolo fraudulento e da persistência do agravamento, de forma a afastar de sua caracterização meros atos voluntários efêmeros: "O que exige a lei sob pena da perda do direito à indenização não é simplesmente o aumento do risco e sim o aumento qualificado do risco. E essa qualificação há de operar pelo ato intencional do segurado e pela persistência do agravamento. A perda do direito decorre, portanto, de uma conduta de má-fé". (MARTINS-COSTA, Judith. *A boa-fé no direito privado*: critérios para sua aplicação. 2ª ed. São Paulo: Saraiva, 2018. p. 381). A professora Margarida Lima Rego também enfatiza que "[o] que o seguro, por natureza, não cobre é o sinistro provocado pelo segurado com animus nocendi, isto é, com a intenção única ou predominante de receber a indenização do segurador". (REGO, Margarida Lima. *Contrato de seguro e terceiros*. Coimbra: Coimbra Editora, 2010. p. 163). Outra não é a lição de Ruy Rosado de Aguiar Jr.: "A intenção está no consciente direcionamento da ação ao fim almejado. Quer dizer, o segurado pratica (comissão) ou deixa de praticar (omissão) ato voluntário com o propósito de assim causar aumento do risco contratado. É o dolo

direto". (AGUIAR JÚNIOR, Ruy R. de. "Agravamento de risco: conceitos e limites". *In*: ABDS (Coord.). *VII Fórum de Direito do Seguro José Sollero Filho. Lei de contrato de seguro: solidariedade ou exclusão*. Em homenagem a Rubén Stiglitz. São Paulo: Roncarati, 2018. pp. 130/134). Cuidando especificamente do art. 768 do Código Civil, Luiz Edson Fachin também leciona que "não é qualquer majoração do risco que enseja a exclusão do dever de pagamento pela seguradora, mas apenas aquela voltada à percepção da prestação do capital contratado. Ainda, apenas pode ser levado a efeitos práticos o presente dispositivo quando existir prova cabal que demonstre vontade preordenada do segurado em dolosamente obter o pagamento da seguradora". (FACHIN, Luiz Edson. "Contrato de seguro e o agravamento de risco na perspectiva do Código Civil brasileiro". *Revista dos Tribunais*, Soluções Práticas, São Paulo, vol. 1, p. 185, jan. 2012). José Augusto Delgado confirma que para haver o agravamento, "[o] risco agravado pelo segurado é risco causado por vontade própria, isto é, com intenção de se beneficiar do valor da garantia", e conclui: "Embora o legislador não mencione expressamente, há de se conceber na expressão 'agravar intencionalmente o risco' a exigência de um comportamento doloso". (DELGADO, José Augusto. "Comentários ao Novo Código Civil". *In*: TEIXEIRA, Sálvio de F. (Coord.). *Comentários ao novo Código Civil*. Rio de Janeiro: Forense, 2004, pp. 243/247). Vale conferir v. acórdão da 3ª Turma d o e. SUPERIOR TRIBUNAL DE JUSTIÇA, relatora a Ministra NANCY ANDRIGHI, que enfrentou verticalmente a questão do agravamento do risco no contrato de seguro: "(...) o CC/02 disciplinou no art. 768 que 'o segurado perderá o direito à garantia se agravar intencionalmente o risco objeto do contrato'. Agravar o risco significa, portanto, o aumento da probabilidade de ocorrência da lesão ao interesse garantido ou da extensão do dano, alterando as circunstâncias previstas na formação do contrato. (...) Para que possa ter aplicação a regra contida no dispositivo de lei em comento, exige-se a conjugação de duas condições. A primeira diz respeito à intencionalidade. Enquanto o diploma civil anterior parificava toda e qualquer agravação (...), o CC/02 previu que, para a configuração de tal agravamento, mister que o segurado aja intencionalmente de forma a aumentar o risco, ou seja, voluntariamente se arrisque ao resultado danoso. (...) Por conseguinte, constata-se, pela simples leitura do preceito de lei, que o agravamento dos riscos deve ocorrer de forma proposital, porquanto – como contrato bilateral que

Situação distinta daquela contemplada pela regra do artigo 768 é a da hipótese tratada pelo artigo 769. Aqui, cuida-se da relevante modificação pejorativa do risco[31] por quaisquer circunstâncias capazes de agravar consideravelmente o risco coberto que não sejam o dolo direto ou o dolo eventual do segurado, ressalte-se: um dolo eventual especialmente grave, tendente à fraude.

O risco sofre alteração substancial e o fato, uma vez conhecido pelo segurado, porque ele próprio o alterou, ou porque tomou conhecimento de alteração que não dependeu de sua atividade, deve ser compartilhado com a seguradora para que esta, querendo, exerça o direito à resolução ou proponha a modificação do seu conteúdo.

Como ensina a melhor doutrina, o agravamento não se presume e o ônus da prova do fato e do seu efeito agravador é da seguradora, a menos que a apólice especifique claramente quais são os fatos considerados agravamento do risco, quando o segurado deverá provar que, uma vez acontecido um desses fatos, ele não foi causador do agravamento, sempre podendo o fato ser provado por qualquer meio de prova, mas, exclusivamente por meio de perícia o seu efeito de agravação substancial do risco.

Caso o segurado esteja de má-fé, isto é, caso ele omita dolosamente da seguradora o incidente agravador do

---

é – somente tal atitude afetaria a equivalência objetiva da prestação". (STJ, 3ª Turma, REsp n. 1.175.577 – PR).

31 O agravamento de risco somente ocorre quando sobrevém uma modificação relevante das circunstâncias existentes no momento de formação do contrato de seguro, que aumenta substancialmente a probabilidade e a intensidade do risco assumido pelo segurador. (STIGLITZ, Rubén; STIGLITZ, Gabriel. *Contrato de seguro*. Buenos Aires: La Rocca, 1988. p. 374).

risco, perde o direito à garantia (art. 769, *caput*). Logicamente, isso não ocorrerá quando a seguradora, por outro meio, saiba ou deva saber do fato omitido e dos efeitos que ele potencializa.

A omissão culposa não gera efeitos liberadores da responsabilidade da seguradora. Entretanto, quando ela vem a tomar conhecimento, por si própria, por terceiro ou por informação tardia do segurado, abrem-se duas diferentes possibilidades de conduta: silenciar e preservar hígido o contrato ou, no prazo de quinze dias, cientificar o segurado de sua decisão de resolvê-lo, mantendo a garantia pelo prazo de trinta dias, contado da data em que o segurado for pessoalmente comunicado da opção pela resolução, e restituindo-lhe a diferença de prêmio (art. 769 e §§ 1° e 2°). Passados aqueles 15 dias, é extinto o direito de resolver o contrato.

A decisão resolutiva não pode ser retardada. Ela tem prazo que dispara do seu conhecimento, por qualquer meio, sobre o fato agravador e que, ao não ser observado, faz desaparecerem todas as consequências ou efeitos contratuais do agravamento. A seguradora omissa vincula-se ao novo estado do risco e não poderá utilizar a defesa de agravamento do risco para posterior exceção de inadimplemento com o objetivo de recusar a indenização de um sinistro.

Logicamente, a seguradora somente poderá optar pela resolução quando o agravamento tornar impossível a continuidade da relação obrigacional. Caso contrário, não pode simplesmente resolver o contrato e deve oferecer ao segurado uma terceira solução, não prevista pelo legislador, mas amparada pelo *princípio da conservação dos negócios jurídicos*, que informa todo o direito privado: ajustar a garantia e/ou o prêmio para que se preserve a garantia de seguro. A resolução desnecessária equivale a desvio de finalidade do direito à resolução, fazendo incidir a regra do artigo 187 do Código Civil.

Tanto no caso do artigo 768, quanto na hipótese de resolução com fundamento no § 1º do artigo 769, os efeitos serão para o futuro (*ex nunc*), salvo se, no caso do artigo 768, o segurado tenha demorado para comunicar a seguradora.

Para encerrar, faço referência ao Projeto de Lei de Contrato de Seguro brasileiro (PLC 29/2017), a meu ver capaz de reduzir substancialmente as dúvidas a respeito do regime de agravamento do risco.

Para facilitar a consulta dos leitores, nos anexos deste livro estão os dispositivos do PLC 29/2017 e as principais decisões do Superior Tribunal de Justiça e do Tribunal de Justiça de São Paulo sobre a matéria.

**ANEXO 1
AGRAVAMENTO DE RISCO
PLC 29/2017**

CAPÍTULO III
DO RISCO

Art. 14. O contrato cobre os riscos relativos à espécie de seguro contratada.

§ 1º Os riscos excluídos e os interesses não indenizáveis devem ser descritos de forma clara e inequívoca.

§ 2º Se houver divergência entre os riscos delimitados no contrato e os previstos no modelo de contrato ou nas notas técnicas e atuariais apresentados ao órgão fiscalizador competente, prevalecerá o texto mais favorável ao segurado.

§ 3º Quando a seguradora se obrigar a garantir diferentes interesses e riscos, deverá a contratação preencher os requisitos exigidos para a garantia de cada um dos interesses e riscos abrangidos pelo contrato, de modo que a extinção ou nulidade de uma garantia não prejudicará as demais.

§ 4º A garantia nos seguros de transporte de bens e de responsabilidade civil pelos danos relacionados com essa atividade começa no momento em que as mercadorias são de fato recebidas pelo transportador e cessa com a entrega ao destinatário.

Art. 15. O contrato pode ser celebrado para toda classe de risco, salvo vedação legal.

Parágrafo único. São nulas as garantias, sem prejuízo de outras vedadas em lei:

I – de interesses patrimoniais relativos aos valores das multas e outras penalidades aplicadas em virtude de atos cometidos pessoalmente pelo segurado que caracterizem ilícito criminal; e

II – contra risco proveniente de ato doloso do segurado, do beneficiário ou de representante de um ou de outro, salvo o dolo do representante do segurado ou do beneficiário em prejuízo desses.

Art. 16. O contrato é nulo quando qualquer das partes souber, desde o momento de sua conclusão, que o risco é impossível ou já se realizou.

Parágrafo único. A parte que tiver conhecimento da impossibilidade ou da prévia realização do risco e, não obstante, contratar pagará à outra o dobro do valor do prêmio.

Art. 17. Desaparecido o risco, resolve-se o contrato com a redução do prêmio pelo valor equivalente ao risco a decorrer, ressalvado, na mesma proporção, o direito da seguradora às despesas realizadas com a contratação.

Art. 18. O segurado deve comunicar à seguradora relevante agravamento do risco, tão logo tome conhecimento, inclusive o derivado de motivo alheio à sua vontade.

§ 1º Será relevante o agravamento que conduza ao aumento significativo e continuado da probabilidade de realização do risco ou da severidade de seus efeitos.

§ 2º Depois de ciente, a seguradora poderá, até o prazo máximo de vinte dias, cobrar a diferença de prêmio ou, não sendo possível tecnicamente garantir o novo risco, resolver o contrato.

§ 3º A resolução deve ser feita por carta registrada com aviso de recebimento ou meio idôneo equivalente, e deverá a seguradora restituir a eventual diferença de prêmio, ressalvado, na mesma proporção, o direito da seguradora às despesas realizadas com a contratação.

§ 4º No agravamento voluntário por parte do segurado ou beneficiário, a resolução por parte da seguradora produzirá efeitos desde o momento em que os riscos foram agravados.

§ 5º A seguradora não responderá pelas consequências do ato praticado com a intenção de aumentar a probabilidade ou de tornar mais severos os efeitos do sinistro.

§ 6º Nos seguros sobre a vida ou integridade física a seguradora poderá cobrar a diferença de prêmio, em caso de agravamento voluntário do risco.

Art. 19. Perde a garantia o segurado que dolosamente não comunicar o fato causador de relevante agravamento do risco.

Parágrafo único. O segurado que culposamente não comunicar o fato causador de relevante agravamento do risco do qual tenha tomado ciência será obrigado a pagar a diferença de prêmio que for apurada ou, se a garantia for tecnicamente impossível ou o fato corresponder a tipo de risco que não é subscrito pela seguradora, não fará jus à indenização.

Art. 20. Se houver relevante redução do risco, o valor do prêmio será proporcionalmente reduzido, ressalvado, na mesma proporção, o direito da seguradora às despesas realizadas com a contratação.

(...)

CAPÍTULO VIII
DA FORMAÇÃO E DURAÇÃO DO CONTRATO
(...)
Art. 49. A seguradora deverá alertar o proponente sobre quais são as informações relevantes a serem prestadas para a aceitação e formação do contrato e esclarecer nos seus impressos e questionários as consequências do descumprimento desse dever.
(...)

ANEXO 2
AGRAVAMENTO DE RISCO
JURISPRUDÊNCIA

SUMÁRIO

Superior Tribunal de Justiça
Súmula 620 (dezembro de 2018)
A) É agravamento
1) 2020. Seguro automotivo. Embriaguez do condutor, neto da segurada.
2) 2020. Seguro automotivo. Embriaguez do condutor.
3) 2020. Seguro automotivo. Embriaguez do condutor.
4) 2019. Aeronave. Falta de habilitação do piloto. Habilitação vencida do copiloto. Plano de voo solicitado por piloto diverso.
5) 2017. Substituição de peça sem prévio estudo de resistência e viabilidade.
6) 2017. Seguro automotivo. Embriaguez do condutor, filho da segurada.
7) 2016. Participação em disputa automobilística – "racha".
8) 2016. Seguro automotivo. Embriaguez do condutor, preposto da segurada (acórdão muito citado, cuja fundamentação é repetida em outros acórdãos).
B) Não é agravamento
1) 2019. Embriaguez do segurado. Seguro de vida.

2) 2019. Embriaguez do segurado. Seguro de vida.
3) 2014. Ausência de brevê para pilotar aeronave.
4) 2014. Ausência de condução para dirigir veículo. Seguro de vida.
5) 1998. Seguro automotivo. Embriaguez na condução do veículo, preposto da empresa segurada.
6) 2010. Subida em torre metálica. Seguro de vida.
7) 2011. Seguro automotivo. Falta de nexo entre falta de habilitação e risco de roubo do veículo segurado.

Tribunal de Justiça de São Paulo

A) É agravamento

1) 2017. Helicóptero. Voo noturno sem autorização
2) 2012. Queda de transformador. Transbordo. Culpa grave da ré e prepostos
3) 2012. Direção de aeronave por pessoa não habilitada
4) 2009. Limpeza com máquina ligada. Agravamento culposo (CC/16) x doloso (CC/02)

B) Não é agravamento

1) 2012. Embarcação antiga em alto mar. Sem agravamento de risco

Superior Tribunal de Justiça

Súmula 620 (dezembro de 2018)

Súmula 620: A embriaguez do segurado não exime a seguradora do pagamento da indenização prevista em contrato de seguro de vida.

A) É agravamento

1) 2020. Seguro automotivo. Embriaguez do condutor, neto da segurada.

AgInt no AREsp 1534052/ES, Rel. Ministro MOURA RIBEIRO, TERCEIRA TURMA, julgado em 17/02/2020, DJe 20/02/2020

CIVIL E PROCESSUAL CIVIL. AGRAVO INTERNO NO

AGRAVO EM RECURSO ESPECIAL. RECURSO MANEJADO SOB A ÉGIDE DO NCPC. AÇÃO DE COBRANÇA DE SEGURO AUTOMOTIVO CUMULADA COM INDENIZAÇÃO POR DANOS MORAIS. CONTRATO DE SEGURO DE AUTOMÓVEL. EMBRIAGUEZ DO CONDUTOR, NETO DA SEGURADA. AGRAVAMENTO INTENCIONAL DO RISCO. EXCLUSÃO DA INDENIZAÇÃO. ENTENDIMENTO DA CORTE DE ORIGEM EM DISSONÂNCIA COM A JURISPRUDÊNCIA DO STJ. PRECEDENTES. INCIDÊNCIA DA SÚMULA N. 568 DO STJ. DECISÃO MANTIDA.

1. O presente agravo interno foi interposto contra decisão publicada na vigência do NCPC, razão pela qual devem ser exigidos os requisitos de admissibilidade recursal na forma nele prevista, nos termos do Enunciado Administrativo n. 3, aprovado pelo Plenário do STJ na sessão de 9/3/2016: Aos recursos interpostos com fundamento no CPC/2015 (relativos a decisões publicadas a partir de 18 de março de 2016) serão exigidos os requisitos de admissibilidade recursal na forma do novo CPC.

2. A matéria aqui tratada foi objeto de exame pela eg. Terceira Turma desta Corte no julgamento do REsp n. 1.485.717/SP, de relatoria do em. Min. RICARDO VILLAS BÔAS CUEVA, que firmou orientação de que *i) o agravamento do risco não se dá somente quando o próprio segurado se encontra alcoolizado na direção do veículo, mas abrange também os condutores principais (familiares, empregados e prepostos). O agravamento intencional de que trata o art. 768 do CC/02 envolve tanto o dolo quanto a culpa grave do segurado, que tem o dever de vigilância (culpa in vigilando) e o dever de escolha adequada daquele a quem confia a prática do ato (culpa in eligendo); ii) o*

seguro automotivo não pode servir de estímulo para a aceitação de riscos excessivos que, repetidamente, beiram o abuso de direito, a exemplo da embriaguez ao volante. A função social desse negócio jurídico o torna instrumento de valorização da segurança viária, colocando-o em posição de harmonia com as leis penais e administrativas que criaram ilícitos a fim de proteger a segurança pública no trânsito; iii) à luz do princípio da boa-fé, pode-se concluir que o segurado, ao ingerir bebida alcoólica e assumir a direção do veículo ou emprestá-lo a alguém desidioso, que irá, por exemplo, fazer uso de álcool (culpa in eligendo ou in vigilando), frustra a justa expectativa das partes contratantes na execução do seguro, pois rompe-se com os deveres anexos do contrato, como os de fidelidade e de cooperação; e iv) constatado que o condutor do veículo estava sob influência do álcool (causa direta ou indireta) quando se envolveu em acidente de trânsito – ônus probatório que compete à seguradora –, há presunção relativa de que o risco da sinistralidade foi agravado, a ensejar a aplicação da pena do art. 768 do CC/02.

3. Logo, o acórdão recorrido merece reforma porque está em dissonância com o atual entendimento desta Corte de Justiça no sentido de que o agravamento intencional do risco concernente ao art. 768 do CC/02 envolve tanto o dolo quanto a culpa grave do segurado, que tem o dever de vigilância (culpa in vigilando) e o dever de escolha adequada daquele a quem confia a prática do ato (culpa in eligendo).

4. Não sendo a linha argumentativa apresentada pela segurada capaz de evidenciar a inadequação dos fundamentos invocados pela decisão agravada, o presente agravo não se revela apto a alterar o conteúdo do julgado impugnado, devendo

ele ser integralmente mantido em seus próprios termos.
5. Agravo interno não provido.

2) 2020. Seguro automotivo. Embriaguez do condutor.
AgInt no AREsp 1518626/PR, Rel. Ministro MARCO AURÉLIO BELLIZZE, TERCEIRA TURMA, julgado em 10/02/2020, DJe 13/02/2020
AGRAVO INTERNO NO AGRAVO EM RECURSO ESPECIAL. AÇÃO DE COBRANÇA DE SEGURO DE VEÍCULO. 1. NEGATIVA DE PRESTAÇÃO JURISDICIONAL E FALTA DE FUNDAMENTAÇÃO NÃO EVIDENCIADAS. 2. ÔNUS DA PROVA. PRECLUSÃO. FALTA DE PREQUESTIONAMENTO DA MATÉRIA OU TESE. SÚMULAS 282 E 356 DO STF. *3. ACIDENTE DE VEÍCULO. EMBRIAGUEZ DO CONDUTOR. COMPROVAÇÃO. AGRAVAMENTO DO RISCO. CONDUTA DETERMINANTE.* ENTENDIMENTO DO TRIBUNAL DE ORIGEM EM CONSONÂNCIA COM A JURISPRUDÊNCIA DESTA CORTE. INCIDÊNCIA DA SÚMULA 83 DO STJ. 4. AGRAVO INTERNO DESPROVIDO.
1. Verifica-se que o Tribunal de origem analisou todas as questões relevantes para a solução da lide, de forma fundamentada, não havendo se falar em negativa de prestação jurisdicional.
2. As matérias ou as teses relacionadas ao artigo apontado não foram enfrentadas pelo acórdão recorrido, o que obsta o conhecimento do recurso especial. Nesse ponto, incidem as Súmulas n. 282 e 356 do STF.
3. *A jurisprudência desta Corte é no sentido de que, "se a embriaguez do segurado for causa determinante do sinistro, ele deixa de fazer jus à indenização securitária, ante o agravamento do risco contratado". (AgInt no AREsp*

1106907/SC, Rel. Ministro Marco Buzzi, Quarta Turma, julgado em 15/04/2019, DJe 24/04/2019).
4. Agravo interno desprovido.

3) 2020. Seguro automotivo. Embriaguez do condutor. *AgInt no REsp 1831678/SP, Rel. Ministro ANTONIO CARLOS FERREIRA, QUARTA TURMA, julgado em 17/12/2019, DJe 19/12/2019*
CIVIL E PROCESSUAL CIVIL. AGRAVO INTERNO NO RECURSO ESPECIAL. SEGURO VEICULAR. ACIDENTE DE TRÂNSITO. EMBRIAGUEZ DETERMINANTE. AGRAVAMENTO DO RISCO. REEXAME DE CLÁUSULAS CONTRATUAIS E DO CONJUNTO FÁTICO-PROBATÓRIO DOS AUTOS. INADMISSIBILIDADE. SÚMULAS N. 5 E 7 DO STJ. DECISÃO MANTIDA.
1. "É firme a jurisprudência de ambas as turmas da Segunda Seção de que a embriaguez, em sendo causa determinante do sinistro, agrava intencionalmente o risco contratado, não se restringindo aos casos em que o próprio segurado se encontra alcoolizado, devendo abranger, também, os condutores principais (familiares, empregados e prepostos) que estejam na direção do veículo, haja vista a violação do dever de vigilância e de escolha adequada a quem confia a prática do ato, seja por o dolo ou culpa grave do segurado" (AgInt nos EDcl no REsp 1.602.690/PE, Relator Ministro LUIS FELIPE SALOMÃO, QUARTA TURMA, julgado em 27/11/2018, DJe 4/12/2018).
2. Agravo interno a que se nega provimento.

4) 2019. Aeronave. Falta de habilitação do piloto. Habilitação vencida do copiloto. Plano de voo solicitado por piloto diverso. *REsp 1466237/SP, Rel. Ministro LUIS FELIPE SALOMÃO,*

QUARTA TURMA, julgado em 29/10/2019, DJe 18/12/2019
RECURSO ESPECIAL. SEGURO. ACIDENTE AÉREO. AGRAVAMENTO DO RISCO. EXCLUSÃO DE COBERTURA SECURITÁRIA POR ATO DO SEGURADO. VIOLAÇÃO DAS NORMAS PRIMÁRIAS DE SEGURANÇA DO SISTEMA AERONÁUTICO. AUSÊNCIA DE HABILITAÇÃO ESPECÍFICA DO PILOTO E HABILITAÇÃO VENCIDA DO COPILOTO. SOLICITAÇÃO DE PLANO DE VOO POR PILOTO DIVERSO. RESPONSABILIDADE DO COMANDANTE. CÓDIGO AERONÁUTICO.

1. "Enquanto vigorar o contrato, o segurado abster-se-á de tudo quanto possa aumentar os riscos ou seja contrário aos termos do contrato, sob pena de perder o direito ao seguro", nos termos do art. 1.454 do CC/16 – cuja exegese é mantida pela atual redação do artigo 768 do CC/2002 ("O segurado perderá o direito à garantia se agravar intencionalmente o risco objeto do contrato"). 2. Sobre as hipóteses de agravamento do risco, o Superior Tribunal de Justiça perfilha entendimento de que "a ausência de habilitação para dirigir não configura, por si só, o agravamento intencional do risco por parte do segurado, apto a afastar a obrigação de indenizar da seguradora", fazendo-se necessário que à referida circunstância sejam acrescidos outros fatores que caracterizem o incremento do risco. Precedentes.

3. Na mesma linha, a jurisprudência desta Corte aponta para situações de "presunção judicial de agravamento do risco", evidenciadas pelo dolo ou culpa do segurado, "que tem o dever de vigilância (culpa in vigilando) e o dever de escolha adequada daquele a quem confia a prática do ato (culpa in eligendo), dotadas de gravidade suficiente" (REsp 1485717/SP, Rel. Ministro Ricardo Vilas Bôas Cueva, Terceira Turma, julgado em 22/11/2016, DJe de 14/12/2016).

4. *Nesse passo, a ausência de habilitação específica do piloto para conduzir aeronave por instrumentos e a condução de copiloto com habilitação vencida, associadas a irregularidades no plano de voo em razão de autorização concedida a piloto diverso – fatores que se encontram na esfera de responsabilidade do comandante e que se revelaram preponderantes ao sinistro - evidenciam situação de agravamento de risco.*
5. Isso porque, sob o prisma da boa-fé, quando o segurado pratica conduta desidiosa ou ilícita, por dolo ou culpa, e, em tal contexto, frustra as justas expectativas da execução do contrato de seguro, contribui para o agravamento, cuja consequência não é outra senão a exoneração do dever de indenizar pela seguradora – ainda que, porventura, referente a fato de terceiro, conforme a jurisprudência desta Corte.
6. Recurso especial não provido.

5) 2017. Substituição de peça sem prévio estudo de resistência e viabilidade.
REsp 1584477/SP, Rel. Ministro MOURA RIBEIRO, Rel. p/ Acórdão Ministro MARCO AURÉLIO BELLIZZE, TERCEIRA TURMA, julgado em 30/03/2017, DJe 05/05/2017
RECURSO ESPECIAL. AÇÃO DECLARATÓRIA. CONTRATOS DE SEGURO E DE TRANSPORTE. AGRAVAMENTO DO RISCO. CULPA GRAVE. PERDA DE COBERTURA SECURITÁRIA. RECURSOS ESPECIAIS PARCIALMENTE PROVIDOS.
1. Recursos especiais em que se debateu a caracterização de culpa grave da transportadora segurada pela ocorrência de dois eventos de sinistro distintos e independentes entre si.
2. Corolário da boa-fé objetiva dos contratantes, impõe-se ao

segurado o dever de cuidado, de modo a abster-se de tudo quanto possa agravar o risco de ocorrência do evento assegurado, sob pena de perda do direito à cobertura securitária.
3. Muito embora o art. 1.454 do CC/1916 não exigisse o agravamento intencional do risco, como o faz o atual art. 768 do CC/2002, não é qualquer conduta culposa que afasta o dever de indenização, mas aquela cuja gravidade seria apta a alterar as condições de contratação do seguro, seja pela influência no cálculo do prêmio, seja pela negativa de contratação.
4. No caso dos autos, a conduta culposa apontada pela seguradora, em relação ao primeiro sinistro, não configura a gravidade imprescindível à caraterização do agravamento do risco, porque respaldado em estudo técnico preparatório e atendida a diligência esperada na realização da carga e descarga envolvida no contrato de transporte.
5. *No segundo sinistro, a utilização de peça não original, substituída sem prévio estudo técnico quanto à sua resistência e sua viabilidade para a realização do transporte contratado, não atende à prudência esperada de empresas que se dedicam habitualmente ao transporte de supercargas, caracterizando, nesse caso, o agravamento do risco e afastando o dever da seguradora de indenizar.*
6. Recursos especiais parcialmente providos.

6) 2017. Seguro automotivo. Embriaguez do condutor, filho da segurada.
AgInt no REsp 1632921/MG, Rel. Ministro MOURA RIBEIRO, TERCEIRA TURMA, julgado em 27/06/2017, DJe 08/08/2017
CIVIL E PROCESSUAL CIVIL. AGRAVO INTERNO NO RECURSO ESPECIAL. RECURSO MANEJADO SOB A ÉGIDE DO NCPC. AÇÃO DE COBRANÇA.

CONTRATO DE SEGURO DE AUTOMÓVEL. ACIDENTE DE TRÂNSITO. EMBRIAGUEZ DO CONDUTOR, FILHO DA SEGURADA. AGRAVAMENTO INTENCIONAL DO RISCO. EXCLUSÃO DA INDENIZAÇÃO. ENTENDIMENTO DA CORTE DE PISO EM CONSONÂNCIA COM A JURISPRUDÊNCIA DO STJ. PRECEDENTE ESPECÍFICO. INCIDÊNCIA DA SÚMULA N. 83 DO STJ. DECISÃO MANTIDA. (...)
2. A matéria aqui tratada foi objeto de exame pela eg. Terceira Turma desta Corte no julgamento do REsp n. 1.485.717/SP, de relatoria do em. Min. RICARDO VILLAS BÔAS CUEVA, que firmou orientação de que *1) o agravamento do risco não se dá somente quando o próprio segurado se encontra alcoolizado na direção do veículo, mas abrange também os condutores principais (familiares, empregados e prepostos). O agravamento intencional de que trata o art. 768 do CC/02 envolve tanto o dolo quanto a culpa grave do segurado, que tem o dever de vigilância (culpa in vigilando) e o dever de escolha adequada daquele a quem confia a prática do ato (culpa in eligendo); 2) o seguro automotivo não pode servir de estímulo para a aceitação de riscos excessivos que, repetidamente, beiram o abuso de direito, a exemplo da embriaguez ao volante. A função social desse negócio jurídico o torna instrumento de valorização da segurança viária, colocando-o em posição de harmonia com as leis penais e administrativas que criaram ilícitos a fim de proteger a segurança pública no trânsito; 3) à luz do princípio da boa-fé, pode-se concluir* que o segurado, ao ingerir bebida alcoólica e assumir a direção do veículo ou emprestá-lo a alguém desidioso, que irá, por exemplo, fazer uso de álcool (culpa in eligendo ou in vigilando), frustra a justa expectativa das partes

contratantes na execução do seguro, pois rompe-se com os deveres anexos do contrato, como os de fidelidade e de cooperação; e, 4) constatado que o condutor do veículo estava sob influência do álcool (causa direta ou indireta) quando se envolveu em acidente de trânsito – ônus probatório que compete à seguradora -, há presunção relativa de que o risco da sinistralidade foi agravado, a ensejar a aplicação da pena do art. 768 do CC/02. 3. Logo, o acórdão de origem encontra-se alinhado com a jurisprudência desta Corte, sendo inafastável, no caso em tela, a incidência da Súmula n. 83 do STJ, aplicável também aos recursos especiais interpostos pelas alíneas a e c do permissivo constitucional, segundo iterativa jurisprudência aqui dominante.

7) 2016. Participação em disputa automobilística – "racha". *REsp 1368766/RS, Rel. Ministro LUIS FELIPE SALOMÃO, QUARTA TURMA, julgado em 01/03/2016, DJe 06/04/2016*
DIREITO SECURITÁRIO. RECURSO ESPECIAL. PARTICIPAÇÃO EM DISPUTA AUTOMOBILÍSTICA. "RACHA". "PEGA". CONFIGURAÇÃO DE AGRAVAMENTO INTENCIONAL DO RISCO. ART. 768 DO CÓDIGO CIVIL DE 2002. ATO DE AGRAVAR. CONDUTA PRATICADA, EM REGRA, DIRETAMENTE PELO SEGURADO. PECULIARIDADES DO CASO CONCRETO. TERCEIRO NÃO ACOBERTADO PELA APÓLICE. INOBSERVÂNCIA DAS CLÁUSULAS CONTRATUAIS. ACÓRDÃO MANTIDO. RECURSO NÃO PROVIDO.
1. O art. 768 do Código Civil de 2002 dispõe que o segurado perderá o direito à garantia se agravar intencionalmente o risco objeto do contrato.

2. No caso de disputa automobilística, os condutores dos veículos automotores, por meio de ato consciente e voluntário e em verdadeira competição urbana, geralmente empregam velocidade superior ao permitido pela via, sabendo que tal prática pode gerar danos a si, a seus próprios carros e, o que é mais grave, à vida das pessoas.
3. Nesse contexto, a participação em disputa automobilística configura hipótese de agravamento intencional do risco a ensejar a perda da cobertura securitária (art. 768 do CC/2002).
4. O ato de agravar o risco pressupõe uma conduta praticada, em regra, pelo próprio segurado, e não por terceiro. Precedentes do STJ.
5. *Na hipótese dos autos, a apólice securitária consigna expressamente que o veículo segurado não pode ser dirigido por pessoa(s) menor(es) de 26 (vinte e seis) anos na época de vigência do contrato. Assim, como à época do acidente, o terceiro responsável pela prática do "racha" possuía 21 (vinte e um) anos de idade, houve a inobservância dos termos da apólice, razão pela qual não há falar em pagamento de indenização securitária.*
6. Recurso especial não provido.

8) 2016. Seguro automotivo. Embriaguez do condutor, preposto da segurada (acórdão muito citado, cuja fundamentação é repetida em outros acórdãos).
REsp 1485717/SP, Rel. Ministro RICARDO VILLAS BÔAS CUEVA, TERCEIRA TURMA, julgado em 22/11/2016, DJe 14/12/2016
RECURSO ESPECIAL. CIVIL. SEGURO DE AUTOMÓVEL. EMBRIAGUEZ AO VOLANTE. TERCEIRO CONDUTOR (PREPOSTO). AGRAVAMENTO DO

RISCO. EFEITOS DO ÁLCOOL NO ORGANISMO HUMANO. CAUSA DIRETA OU INDIRETA DO SINISTRO. PERDA DA GARANTIA SECURITÁRIA. CULPA GRAVE DA EMPRESA SEGURADA. CULPA IN ELIGENDO E CULPA IN VIGILANDO. PRINCÍPIO DO ABSENTEÍSMO. BOA-FÉ OBJETIVA E FUNÇÃO SOCIAL DO CONTRATO DE SEGURO.

1. Cinge-se a controvérsia a definir se é devida indenização securitária decorrente de contrato de seguro de automóvel quando o causador do sinistro foi terceiro condutor (preposto da empresa segurada) que estava em estado de embriaguez.
2. Consoante o art. 768 do Código Civil, "o segurado perderá o direito à garantia se agravar intencionalmente o risco objeto do contrato". Logo, somente uma conduta imputada ao segurado, que, por dolo ou culpa grave, incremente o risco contratado, dá azo à perda da indenização securitária.
3. A configuração do risco agravado não se dá somente quando o próprio segurado se encontra alcoolizado na direção do veículo, mas abrange também os condutores principais (familiares, empregados e prepostos). O agravamento intencional de que trata o art. 768 do CC envolve tanto o dolo quanto a culpa grave do segurado, que tem o dever de vigilância (culpa in vigilando) e o dever de escolha adequada daquele a quem confia a prática do ato (culpa in eligendo).
4. A direção do veículo por um condutor alcoolizado já representa agravamento essencial do risco avençado, sendo lícita a cláusula do contrato de seguro de automóvel que preveja, nessa situação, a exclusão da cobertura securitária. A bebida alcoólica é capaz de alterar as condições físicas e psíquicas do motorista, que, combalido por sua influên-

cia, acaba por aumentar a probabilidade de produção de acidentes e danos no trânsito. Comprovação científica e estatística.

5. O seguro de automóvel não pode servir de estímulo para a assunção de riscos imoderados que, muitas vezes, beiram o abuso de direito, a exemplo da embriaguez ao volante. A função social desse tipo contratual torna-o instrumento de valorização da segurança viária, colocando-o em posição de harmonia com as leis penais e administrativas que criaram ilícitos justamente para proteger a incolumidade pública no trânsito.

6. O segurado deve se portar como se não houvesse seguro em relação ao interesse segurado (princípio do absenteísmo), isto é, deve abster-se de tudo que possa incrementar, de forma desarrazoada, o risco contratual, sobretudo se confiar o automóvel a outrem, sob pena de haver, no Direito Securitário, salvo-conduto para terceiros que queiram dirigir embriagados, o que feriria a função social do contrato de seguro, por estimular comportamentos danosos à sociedade.

7. Sob o prisma da boa-fé, é possível concluir que o segurado, quando ingere bebida alcoólica e assume a direção do veículo ou empresta-o a alguém desidioso, que irá, por exemplo, embriagar-se (culpa in eligendo ou in vigilando), frustra a justa expectativa das partes contratantes na execução do seguro, pois rompe-se com os deveres anexos do contrato, como os de fidelidade e de cooperação.

8. Constatado que o condutor do veículo estava sob influência do álcool (causa direta ou indireta) quando se envolveu em acidente de trânsito - fato esse que compete à seguradora comprovar -, há presunção relativa de que o

risco da sinistralidade foi agravado, a ensejar a aplicação da pena do art. 768 do CC. Por outro lado, a indenização securitária deverá ser paga se o segurado demonstrar que o infortúnio ocorreria independentemente do estado de embriaguez (como culpa do outro motorista, falha do próprio automóvel, imperfeições na pista, animal na estrada, entre outros).
9. Recurso especial não provido.

B) Não é agravamento
1) 2019. Embriaguez do segurado. Seguro de vida.
AgInt nos EDcl no REsp 1818906/SP, Rel. Ministro RAUL ARAÚJO, QUARTA TURMA, julgado em 05/12/2019, DJe 18/12/2019
AGRAVO INTERNO NOS EMBARGOS DE DECLARAÇÃO NO RECURSO ESPECIAL. AÇÃO DE COBRANÇA DE SEGURO DE VIDA. ACIDENTE DE TRÂNSITO. MORTE DO SEGURADO. NEGATIVA DE COBERTURA PELA SEGURADORA. ALEGAÇÃO DE AGRAVAMENTO DO RISCO. EMBRIAGUEZ. SÚMULA 620/STJ. AGRAVO INTERNO DESPROVIDO. 1. *"A embriaguez do segurado não exime a seguradora do pagamento da indenização prevista em contrato de seguro de vida"* (Súmula 620, SEGUNDA SEÇÃO, DJe de 17/12/2018).
2. Agravo interno a que se nega provimento.

2) 2019. Embriaguez do segurado. Seguro de vida.
AgInt no REsp 1728428/SC, Rel. Ministro RICARDO VILLAS BÔAS CUEVA, TERCEIRA TURMA, julgado em 25/02/2019, DJe 01/03/2019
AGRAVO INTERNO NO RECURSO ESPECIAL. CIVIL. SEGURO DE VIDA. ACIDENTE DE TRÂNSITO. CAUSA

DO SINISTRO. EMBRIAGUEZ DO SEGURADO. MORTE ACIDENTAL. AGRAVAMENTO DO RISCO. DESCARACTERIZAÇÃO. DEVER DE INDENIZAR DA SEGURADORA. ESPÉCIE SECURITÁRIA. COBERTURA AMPLA. CLÁUSULA DE EXCLUSÃO. ABUSIVIDADE. SEGURO DE AUTOMÓVEL. TRATAMENTO DIVERSO.
1. Recurso especial interposto contra acórdão publicado na vigência do Código de Processo Civil de 2015 (Enunciados Administrativos n. 2 e 3/STJ).

2. *No seguro de vida, ao contrário do que ocorre no seguro de automóvel, é vedada a exclusão de cobertura na hipótese de sinistros ou acidentes decorrentes de atos praticados pelo segurado em estado de insanidade mental, de alcoolismo ou sob efeito de substâncias tóxicas (Carta Circular SUSEP/DETEC/GAB nº 8/2007). Precedentes.*
3. As cláusulas restritivas do dever de indenizar no contrato de seguro de vida são mais raras, visto que não podem esvaziar a finalidade do contrato, sendo da essência do seguro de vida um permanente e contínuo agravamento do risco segurado.
4. Agravo interno não provido.

3) 2014. Ausência de brevê para pilotar aeronave.
AgRg no AREsp 218.061/MG, Rel. Ministra MARIA ISABEL GALLOTTI, QUARTA TURMA, julgado em 17/12/2013, DJe 04/02/2014
CIVIL. AGRAVO REGIMENTAL. AGRAVO EM RECURSO ESPECIAL. SEGURO DE VIDA. AUSÊNCIA DE BREVÊ PARA PILOTAR AERONAVE. AGRAVAMENTO DE RISCO NÃO CONFIGURADO. EXCLUDENTE DA COBERTURA DO SEGURO NÃO CARACTERIZADA. PRECEDENTES.

1. Em relação à falta de habilitação para dirigir veículos, e o mesmo pode-se dizer em relação a aeronaves, a jurisprudência da 2ª Seção pacificou-se no sentido que sua ausência não configura, por si só, o agravamento intencional do risco por parte do segurado, apto a afastar a obrigação de indenizar da seguradora.
2. Agravo regimental a que se nega provimento.

4) 2014. Ausência de condução para dirigir veículo. Seguro de vida.
AgRg no REsp 1483349/MA, Rel. Ministro MARCO BUZZI, QUARTA TURMA, julgado em 25/11/2014, DJe 02/12/2014
AGRAVO REGIMENTAL EM RECURSO ESPECIAL – AÇÃO DE COBRANÇA DE INDENIZAÇÃO SECURITÁRIA EM CASO DE MORTE DE SEGURADO CAUSADA POR ACIDENTE AUTOMOBILÍSTICO – DECISÃO MONOCRÁTICA NEGANDO SEGUIMENTO AO RECURSO ESPECIAL. INSURGÊNCIA DA SEGURADORA.
1. Perda do direito à garantia do segurado em caso de agravamento intencional do risco objeto do contrato de seguro (artigo 768 do Código Civil). 1.1. A exoneração do dever da seguradora de pagamento da indenização do seguro de vida somente ocorrerá se a conduta direta do segurado configurar efetivo agravamento (culposo ou doloso) do risco objeto da cobertura contratada, consubstanciando causa determinante para a ocorrência do sinistro. Precedentes. 1.2. *Nesse contexto, sobressai a jurisprudência das Turmas de Direito Privado no sentido de que a ausência de habilitação do segurado para dirigir veículo (infração administrativa tipificada no artigo 162 do Código Brasi-*

leiro de Trânsito) não configura, por si só, o agravamento intencional do risco do contrato de seguro de vida, apto a afastar a obrigação de indenizar da seguradora. 1.3. Hipótese em que o Tribunal de origem, mantendo a sentença de procedência, considerou devida a indenização securitária, sob o fundamento de não ter sido demonstrado, pela seguradora, que a ausência da habilitação do segurado contribuíra, decisivamente, para a ocorrência do sinistro. Consonância entre o acórdão estadual e a jurisprudência desta Corte. Incidência da Súmula 83/STJ. 2. Agravo regimental desprovido.

5) 1998. Seguro automotivo. Embriaguez na condução do veículo, preposto da empresa segurada.
REsp 180.411/RS, Rel. Ministro RUY ROSADO DE AGUIAR, QUARTA TURMA, julgado em 23/09/1998, DJ 07/12/1998, p. 89.
SEGURO. CULPA DO PREPOSTO DO SEGURADO. AGRAVAMENTO DO RISCO. *A culpa de preposto na causação do evento, por dirigir embriagado, não é causa de perda do direito ao seguro* (art. 1.454 do CC). Precedentes. Recurso conhecido e provido para o fim de restabelecer a sentença que julgou procedente a denunciação da lide.

6) 2010. Subida em torre metálica.
Seguro de vida.
REsp 795.027/RS, Rel. Ministro ALDIR PASSARINHO JUNIOR, QUARTA TURMA, julgado em 18/03/2010, DJe 19/04/2010
CIVIL E PROCESSUAL. ACÓRDÃO ESTADUAL. FUNDAMENTAÇÃO SUFICIENTE. OMISSÕES INOCORRENTES. NULIDADE AFASTADA. *SEGURO*

DE VIDA EM GRUPO. QUEDA DE ALTA TORRE METÁLICA. LAZER DO SEGURADO PARA TER ACESSO A VISTA PANORÂMICA. PARAPLEGIA. AGRAVAMENTO DO RISCO NÃO CONFIGURADO. CC ANTERIOR, ART. 1.454. CC ATUAL, ART. 768. INEXISTÊNCIA DE MÁ-FÉ NA RECUSA. DISCUSSÃO CINGIDA AO CUMPRIMENTO DO CONTRATO. DANO MORAL EXCLUÍDO.

I. Não padece de nulidade o acórdão estadual que enfrenta suficientemente as questões essenciais ao deslinde da controvérsia, apenas que trazendo conclusões adversas aos interesses da parte irresignada.

II. Não consubstancia situação de agravamento de risco o ato do segurado que sobe em torre metálica elevada, mas de fácil acesso, para descortinar vista panorâmica, porquanto constitui comportamento aventureiro razoável e previsível na vida das pessoas, como também acontece com escalada de árvores, pedras, trilhas íngremes, e coisas semelhantes.

III. Devida, portanto, a cobertura securitária ante a paraplegia decorrente da queda.

IV. Recusa da seguradora, entretanto, que se insere no âmbito da discussão do contrato, não chegando a caracterizar má-fé por parte da ré a ensejar indenização por danos morais, que restam afastados.

Precedentes do STJ.V. Recurso especial conhecido em parte e parcialmente provido.

7) 2011. Seguro automotivo. Falta de nexo entre falta de habilitação e risco de roubo do veículo segurado.
REsp 1210205/RS, Rel. Ministro LUIS FELIPE SALOMÃO, QUARTA TURMA, julgado em 01/09/2011, DJe 15/09/2011

DIREITO CIVIL E PROCESSUAL CIVIL. CERCEAMENTO DE DEFESA. NÃO OCORRÊNCIA. CONTRATO DE SEGURO. QUESTIONÁRIO DE RISCO. DECLARAÇÕES INEXATAS OU OMISSAS FEITAS PELO SEGURADO. NEGATIVA DE COBERTURA SECURITÁRIA. DESCABIMENTO. *INEXISTÊNCIA, NO CASO CONCRETO, DE AGRAVAMENTO DO RISCO E DE MÁ-FÉ DO SEGURADO.* INCIDÊNCIA DA SÚMULA 7. EXISTÊNCIA DE CLÁUSULA LIMITATIVA COM DUPLO SENTIDO. APLICAÇÃO DA SÚMULA 5.

1. Vigora, no direito processual pátrio, o sistema de persuasão racional, adotado pelo Código de Processo Civil nos arts. 130 e 131, não cabendo compelir o magistrado a acolher com primazia determinada prova, em detrimento de outras pretendidas pelas partes, se pela análise das provas em comunhão estiver convencido da verdade dos fatos.

2. As declarações inexatas ou omissões no questionário de risco em contrato de seguro de veículo automotor não autorizam, automaticamente, a perda da indenização securitária. É preciso que tais inexatidões ou omissões tenham acarretado concretamente o agravamento do risco contratado e decorram de ato intencional do segurado. Interpretação sistemática dos arts. 766, 768 e 769 do CC/02.

3. "No contrato de seguro, o juiz deve proceder com equilíbrio, atentando às circunstâncias reais, e não a probabilidades infundadas, quanto à agravação dos riscos" (Enunciado n. 374 da IV Jornada de Direito Civil do STJ).

4. *No caso concreto, a circunstância de a segurada não possuir carteira de habilitação ou de ter idade avançada - ao contrário do seu neto, o verdadeiro condutor - não poderia mesmo, por si, justificar a negativa da seguradora. É sabido, por exemplo, que o valor do prêmio de seguro de*

veículo automotor é mais elevado na primeira faixa etária (18 a 24 anos), mas volta a crescer para contratantes de idade avançada. Por outro lado, o roubo do veículo segurado – que, no caso, ocorreu com o neto da segurada no interior do automóvel – não guarda relação lógica com o fato de o condutor ter ou não carteira de habilitação. Ou seja, não ter carteira de habilitação ordinariamente não agrava o risco de roubo de veículo.

Ademais, no caso de roubo, a experiência demonstra que, ao invés de reduzi-lo, a idade avançada do condutor pode até agravar o risco de sinistro – o que ocorreria se a condutora fosse a segurada, de mais de 70 anos de idade –, porque haveria, em tese, uma vítima mais frágil a investidas criminosas.

5. Não tendo o acórdão recorrido reconhecido agravamento do risco com o preenchimento inexato do formulário, tampouco que tenha sido em razão de má-fé da contratante, incide a Súmula 7.

6. Soma-se a isso o fato de ter o acórdão recorrido entendido que eventual equívoco no preenchimento do questionário de risco ter decorrido também de dubiedade da cláusula limitativa. Assim, aplica-se a milenar regra de direito romano interpretatio contra stipulatorem, acolhida expressamente no art. 423 do Código Civil de 2002: "Quando houver no contrato de adesão cláusulas ambíguas ou contraditórias, dever-se-á adotar a interpretação mais favorável ao aderente".

7. Recurso especial não provido.

Tribunal de Justiça de São Paulo
A) É agravamento
1) 2017. Helicóptero. Voo noturno sem autorização

TJSP. *Apelação 1069986-64.2013.8.26.0100*. 26ª Câmara de Direito Privado. Rel. Des. Eros Piceli. 7 agosto 2017.
Ementa: Ação de cobrança de seguro de aeronave, vida e outras despesas. Ausência de cerceamento de defesa. Alteração do plano de voo do helicóptero, com rota totalmente alterada, e voo noturno visual incompatível com as regras da aviação civil. Agravamento do risco. Ação improcedente. Apelação da autora não provida.

2) 2012. Queda de transformador. Transbordo. Culpa grave da ré e prepostos *TJSP. Apelação 9155331-75.2007.8.26.0000*. 22ª Câmara de Direito Privado. Rel. Des. Fernandes Lobo. 05 julho 2012.
RECURSO – Agravo retido – Exame não reiterado com as razões de apelo – CPC, art. 523, §1°– Não conhecimento. RESPONSABILIDADE CIVIL.
Seguro. Queda de transformador, quando era posto numa plataforma móvel que o levaria ao costado do navio, em razão da quebra de uma chapa de ligamento – Desnecessária operação de transbordo realizada *pela ré, sem ciência e anuência da seguradora, com gravíssimo erro na execução – Culpa grave da ré e de seus propostos amplamente demonstrada pela prova pericial – Agravamento do risco pelo segurado* – Consequente perda deste ao seguro (CC/16, art. 1.454) – Recurso da seguradora (Itaú) provido para desonerá-la do pagamento do seguro alusivo a esse sinistro. RESPONSABILIDADE CIVIL – Contrato de transporte – Conjunto transportador de pesado transformador unido por pino de cambão subdimensionado ao esforço exigido nas circunstâncias – Rompimento desse pino, no entanto, na tentativa de movimentação após pane de um

dos cavalos mecânicos que (racionavam a carreta, fazendo com que a pesada carga descesse desgovernada, em marcha à ré, ladeira abaixo – Hipótese cerebrina de que o sinistro ocorreria de qualquer forma – Defeito da máquina que não se arrola como eximente da responsabilidade objetiva da ré- Dever desta de indenizar na regressiva aforada pela seguradora, que pagou os valores do seguro dos dois transformadores sinistrados – Arts. 728 do C.Com, 985, ///, e 1524 do CC/16, súmula 188 do STF – Recurso da ré litisdenunciante (Cruz de Malta) provido em parte para julgar improcedente a ação secundária, provido o recurso da seguradora (Yasuda) para julgar procedente a ação regressiva e condenar a ré no pagamento dos valores que ela dispendeu a titulo de seguro de ambos os transformadores, nos termos do v. acórdão, carreando a ré a totalidade dos ônus de sucumbência.

3) 2012. Direção de aeronave por pessoa não habilitada
TJSP. Apelação 9228791-95.2007.8.26.0000. 25ª Câmara de Direito Privado. Rel. Des. Vanderci Álvares. 29 de fevereiro de 2012.
Acidente/Seguro de Veículo. Indenizatória. Cobrança. Acidente de aeronave. 1. Constitui agravamento do risco a ensejar perdimento do direito ao seguro, nos termos do artigo 1454 do Código Civil/16, aplicável à espécie por força do princípio "tempus regit actum", o só fato da máquina estar sendo pilotada por quem não possuía habilitação para operar aquele tipo de aeronave. 2. Demais, os planos de vôo foram solicitados para piloto que não se encontrava a bordo, e é matéria que interfere incisivamente no agravamento do risco; aquele que deu o nome como responsável pelo plano de vôo não pilotou de fato a aero-

nave; o risco aumentado residiu, assim, iniludivelmente, no plano de vôo e nas condições daqueles que conduziram a aeronave. 3. Negaram provimento ao recurso.

4) 2009. Limpeza com máquina ligada. Agravamento culposo (CC/16) x doloso (CC/02)
TJSP. Apelação 9163061-40.2007.8.26.0000. 35ª Câmara de Direito Privado. Rel. Des. José Augusto Genofre Martins. 14 dezembro 2009.
SEGURO DE VIDA E ACIDENTES PESSOAIS – Execução de título extrajudicial – Agravamento do risco reconhecido – Segurado que efetuou limpeza de máquina sem desligar o equipamento – Eventual costume que não afasta a imprudência – Sentença mantida – Recurso improvido.

B) Não é agravamento
1) 2012. Embarcação antiga em alto mar. Sem agravamento de risco
TJSP. Apelação 0056643-67.2003.8.26.0100. 25ª Câmara de Direito Privado. Rel. Des. Vanderci Álvares. 12 de setembro de 2012.
Seguro facultativo de embarcação. Recusa no pagamento da indenização securitária. 1. Negativa da seguradora no pagamento da indenização, *sob o argumento de que a embarcação não estava em condições razoáveis de enfrentar uma viagem em alto mar com segurança, o que agravou o risco segurável.* 2. A circunstância de que a embarcação estava desgastada, dando azo ao sinistro, não basta para excluir a responsabilidade da seguradora. 3. Para livrar-se da obrigação securitária é ônus que se impõe à seguradora a prova inequívoca de que a condição precária do veículo é que se constituiu em causa efetiva e determinante do

sinistro. 4. Não comprovado o alegado agravamento do risco pelo contratante, inafastável se torna o pagamento da indenização pela seguradora, nos termos da avença firmada pelas partes. 5. Negaram provimento ao recurso.

REFERÊNCIAS BIBLIOGRÁFICAS

AGUIAR JÚNIOR, Ruy R. de. "Agravamento de risco: conceito e limites". *In*: IBDS (Coord.). *VII Fórum de Direito do Seguro José Sollero Filho*: Lei de contrato de seguro: solidariedade ou exclusão? 1ª ed. São Paulo: Roncarati: IBDS, 2018.

AGUIAR JÚNIOR, Ruy R. de. "Teoria do interesse, engineering e o dano físico no seguro de danos". *In*: IBDS (Coord.). *I Congresso Internacional de Direito do Seguro – Conselho da Justiça Federal e Superior Tribunal de Justiça*: VI Fórum de direito do Seguro "José Sollero Filho". vol. XIII. 1ª ed. São Paulo: Roncarati: IBDS, 2015. pp. 183-206. (Coleção Estudos de Direito do Seguro).

BARRY, Dean; DOYLE, Aaron; ERICSON, Diana. *Insurance as governance*. Toronto: University of Toronto Press, 2003.

BERR, Claude-J.; GROUTEL, Humbert. *Droit des assurances*. 9. ed. Paris: Dalloz, 2001.

BRASIL. *Código civil* (2002): Código civil brasileiro e legislação correlata. 2. ed. Brasília, DF: Senado Federal, Subsecretaria de Edições Técnicas, 2008. Disponível em https://www2.senado.leg.br/bdsf/bitstream/handle/id/70327/Código%20 Civil%202%20ed.pdf. Acesso em: 03.07.2020.

BRASIL. *Código de Defesa do Consumidor e normas correlatas*. 3. ed. Brasília, DF: Senado Federal, Coordenação de Edições Técnicas, 2019. Disponível em Acesso em: https://www2.senado.leg.br/bdsf/bitstream/handle/id/555106/cdc_e_normas_correlatas_3ed.pdf. Acesso em: 03.07.2020.

BRASIL. *Decreto-Lei n. 73, de 21 de novembro de 1966*. Dispõe sobre o Sistema Nacional de Seguros Privados, regula as operações de seguros e resseguros e dá outras providências. Brasília, DF: Presidência da República. Disponível em http://www.planalto.gov.br/ccivil_03/Decreto-Lei/Del0073.htm. Acesso em: 03.07.2020.

CERNE, Ângelo Mário de M. *O seguro privado no Brasil*. Rio de Janeiro: Livraria Francisco Alves Editora, 1973.

COMPARATO, Fábio K. *O seguro de crédito*: estudo jurídico. São Paulo: Revista dos Tribunais, 1968.

COMPARATO, Fábio K. "Notas explicativas ao substitutivo ao capítulo referente ao contrato de seguro no anteprojeto do Código Civil". *Revista do Direito Mercantil, Industrial Econômico e Financeiro*, ano XI (nova série), n. 5, São Paulo: Editora Revista dos Tribunais, 1972, pp. 143-152.

DAVIS, Kevin E. *Between impunity and imperialism*: the regulation of transnational bribery. Oxford: Oxford University Press, 2019.

DELGADO, José Augusto. *Comentários ao novo Código Civil*, v. 11, tomo 1: das várias espécies de contrato de seguro. Arts. 757 a 802. Sálvio de Figueiredo Teixeira (Coord.). Rio de Janeiro: Forense, 2004.

DOYLE, Aaron. Seguro e confiança na sociedade do risco: uma perspectiva sociológica. *In*: IBDS (Coord.). *I Congresso Internacional de Direito do Seguro – Conselho da Justiça Federal e Superior Tribunal de Justiça*: VI Fórum de direito do Seguro "José Sollero Filho". vol. XIII. 1ª ed. São Paulo: Roncarati: IBDS, 2015. pp. 413-424. (Coleção Estudos de Direito do Seguro).

EDGERTON, Willian W (Coord.). *Recommended contract practices for underground construction*. [s. l.]: Society for Mining, Metallurgy and Exploration, Inc., 2008.

EHRENBERG, Victor. *Das "interesse" im Versicherungsrecht*. Munique e Leipzig: Duncker &Humblot, 1915.

FACHIN, Luiz Edson. "Contrato de seguro e o agravamento de risco na perspectiva do Código Civil brasileiro". *Revista dos Tribunais*: Soluções Práticas v. 1, São Paulo, janeiro 2012.

MARTINS, Maria Inês de O. *A imposição contratual de condutas de controle do risco*: a experiência europeia em diálogo com o ordenamento brasileiro, vigente e prospectivo. 1ª ed. São Paulo: Roncarati, 2019.

MARTINS-COSTA, Judith. *A boa-fé no direito privado:* critérios para a sua aplicação. 2. ed. São Paulo: Saraiva, 2018.

MIRANDA, Pontes de. *Tratado de direito privado*: parte especial. vol. 453. 3ª ed. São Paulo: Revista dos Tribunais, 1984.

MORANDI, Juan Carlos F. *El riesgo en el contrato de seguro*: régimen de las modificaciones que lo agravan. Buenos Aires: Astrea, 1974.

MURIEL, Chagny; PERDRIX, Louis. *Droit des assurances*. 4. ed. Paris: LGDJ, 2018.

NORONHA, João Otávio de. "Teoria do interesse no contrato de seguro e a jurisprudência do STJ". *In*: IBDS (Coord.). *I Congresso Internacional de Direito do Seguro – Conselho da Justiça Federal e Superior Tribunal de Justiça*: VI Fórum de direito do Seguro "José Sollero Filho". vol. XIII. 1ª ed. São Paulo: Roncarati: IBDS, 2015. pp. 117-120. (Coleção Estudos de Direito do Seguro).

PINTURIER, Gérôme. *Assurance Pertes D'exploitation et Coronavirus*. Disponível em https://www.village-justice.com/articles/assurance-pertes-exploitation-coronavirus,34544.html. Acesso em 03.07.2020.

PETERSEN, Luiza M. *O risco no contrato de seguro*. 1. ed. São Paulo: Roncarati, 2018.

QUATREPOINT, Jean-Michel. "Em nome da lei americana...". *Le Monde Diplomatique – Brasil*, edição n. 115, de 17 abr. 2017. Disponível em https://diplomatique.org.br/em-nome-da-lei-americana/. Acesso em 03.07.2020.

REALE, Miguel. *Teoria e prática do direito*. São Paulo: Saraiva, 1984.

REGO, Margarida L. *Contrato de seguro e terceiros*: estudo de direito civil. Coimbra: Coimbra Editora, 2010.

ROITMAN, Horacio. *Agravación del riesgo en el contrato de seguro*. Buenos Aires: Abeledo-Perrot, 1973.

SCHNEIDER, Wolfgang. Seguro patrimonial industrial. *In*: HÖRA, Knut (coord.). *Manual muniquense de direito de seguro para advogados*. 4ª ed., revista e ampliada. Munique: C. H. Beck, 2017.

SANSEVERINO, Paulo de Tarso. "Teoria do interesse e interpretação do contrato de seguro". *In*: IBDS (Coord.). *I Congresso Internacional de Direito do Seguro – Conselho da Justiça Federal e Superior Tribunal de Justiça*: VI Fórum de direito do Seguro "José Sollero Filho". vol. XIII. 1ª ed. São Paulo: Roncarati – IBDS, 2015. pp. 63-72. (Coleção Estudos de Direito do Seguro).

STIGLITZ, Rubén; STIGLITZ, Gabriel. *Contrato de seguro*. Buenos Aires: La Rocca, 1988.

THEDORO JÚNIOR, Humberto. *O contrato de seguro e a regulação do sinistro*. Disponível em http://www.ibds.com.br/artigos/OContratodeSeguroeaRegulacaodoSinistro.pdf. Acesso em: 05.06.2020.

TZIRULNIK, Ernesto. *Seguro de riscos de engenharia*: instrumento do desenvolvimento. vol. XIV. São Paulo: Roncarati: IBDS, 2015. (Coleção Estudos de Direito do Seguro).

TZIRULNIK, Ernesto. "Em torno do interesse segurado e da responsabilidade civil". *In*: IBDS; ESCOLA PAULISTA DE MAGISTRATURA (Coord.). *Seguros*: uma questão atual. vol. III. São Paulo: Max Limonad, 2001. pp. 319-397. (Coleção Estudos de Direito do Seguro).

TZIRULNIK, Ernesto. "No mundo dos seguros, a intervenção continua". *JOTA*, 23 abr. 2020. Disponível em https://www.jota.info/paywall?redirect_to=//www.jota.info/opiniao-e-analise/artigos/no-mundo-dos-seguros-a-intervencao-continua-23042020. Acesso em 28.07.2020.

TZIRULNIK, Ernesto. "Seguro contra todos os riscos (all risks) de engenharia. Regulação de sinistro: conceito de dano material". *Revista dos Tribunais*, São Paulo, vol. 827, pp. 105-143. set. 2004. Disponível em http://www.ibds.com.br/base/wp-content/uploads/2017/06/ernesto-seguro-contra-todos-os-riscos-de-engenharia.pdf. Acesso em 03.07.2020.

TZIRULNIK, Ernesto. "Parecer sobre seguro de riscos diversos: valores excludente de infidelidade, ato doloso e cumplicidade. *Revista dos Tribunais*, São Paulo, vol. 725, pp. 51-83, mar. 1996.

TZIRULNIK, Ernesto. "Reflexões sobre o coronavírus e os seguros privados". *In*: WARDE, Walfrido; VALIM, Rafael (coord.). *As consequências da COVID-19 no Direito brasileiro*. São Paulo: Contracorrente, 2020. pp. 325-347.

TZIRULNIK, Ernesto; CAVALCANTI, Flávio; PIMENTEL, Ayrton. *O contrato de seguro de acordo com o Código Civil brasileiro*. vol. XV. São Paulo: Roncarati: IBDS, 2016. (Coleção Estudos de Direito do Seguro).

VEIGA COPO, Abel B. *El riesgo en el contrato de seguro:* ensayo dogmático sobre el riesgo. Cizur Menor: Civitas, 2015.